不累幹嘛睡！

蕭青陽玩世界

蕭青陽 著　程嘉華 採訪撰稿

WHY GO TO BED IF NOT TIRED

QING-YANG XIAO'S WILD WORLD

STORIES BY QING-YANG XIAO   WRITTEN BY CHENG JIA-HUA

蕭青陽的旅行語錄

旅行像日記，昨天已經翻到上一頁。

Travel is like writing a journal, and yesterday is the previous page.

我的義大利朋友說：

就算這世界什麼都沒發生，也沒關係，

重要的是，我們度過了美好的一天。

Non fa niente anche se non succede niente poi, importante che abbiamo passato una bella giornata!

目錄

在田邊有一間畫室，這是我的夢想。

我納悶著，不就是一趟峇里島旅行，我有必要把感受搞得愈來愈多嗎？
在峇里島遇到的這些女人，美月、花藝老師、楊家媽媽……
她們的形象一重一重地疊合著電影裡的茱莉亞．羅伯茲，彷彿在對我說些什麼。

BALI: An Extraordinary Woman Named Carol Chen

峇里島：遇見真對味的人

三十九歲那年，一個好運氣，讓我入圍了葛萊美獎，也促成我終於踏出國門。美西歸來，我加緊計畫全家人的第一次海外旅行。一群音樂人好友幫我拿主意，開會討論後，決定我們一家先去峇里島，他們說那裡民風淳樸、藝術氣息濃厚，我一定會喜歡。

果然，何止喜歡，從善如流的我才踏上峇里島，就遇見了久違的兒時記憶。

有神有鬼的地方真好

我在新店安坑的農村出生，父親是位開麵包店的糕餅師傅。每天一早，他會把剛烤好的各種漢餅、麵包裝進箱子，綁上腳踏車，從車仔路出發，分送附近的雜貨店。說是附近，其實範圍不小，從南勢角、新店三峽交界、碧潭，直到現在看來仍太過遙遠的烏來山村。到我五歲時，爸爸買了第一輛摩托車，此後便經常載著媽媽、我和大麵包箱，一同在蜿蜒的山路上馳騁。

童年的我，鎮日沉浸在神怪盤據的夢遊世界中，夜裡翻來覆去睡不著，阿嬤總是半哄半嚇著：「抱壁鬼躲在壁頂，魔神仔在窗外，你還不睏？」白天上課也很難專心，拿到考卷，我一定先翻過背面畫麵龜和壽桃上插著的八仙過海、畫我家後面廟裡的觀世音，請祂們保佑我不會滿江紅。鐘響只剩十分鐘，我才把考卷翻回正面猜答案。老師給我瞎掰的考卷十五分，但是給我畫的觀世音騎龍一百分。

三十九歲的我，來到峇里島的信仰與藝術中心烏布，眼前的景象令我驚呼：層層疊疊的梯田、綠油油的香蕉、椰子樹，田間還有冉冉上升的炊煙——多麼像是四十年前的新店啊！

我心想，一定要邀請父親也來看看，這不就是他年輕時每天騎著鐵馬翻過的山、跨過的溪嗎？

環抱在純淨的農家景色中，烏布也和我童年的新店一樣，是個有神有鬼、充滿靈氣的地方。峇里島是全印尼僅存多數居民信奉印度教的地區，然而這裡的信仰海納百川、自成一格，融入當地和諧的人情，發展出豐富的神話和精彩的宗教藝術。島上家家有廟、物物有靈，路旁一枝枝以竹葉與椰葉裝飾的祈福燈篙（penjor）迎風搖曳；走在街上，雞蛋花的味道和薰香勻為一體；每家商店門口，都放了盛著鮮花和小點的供品盒。一天之中，隨時有人在膜拜、祈禱，彷彿諸神眾鬼近在身邊。

我對峇里島的期待和猜想無一落空，有神有鬼的世界，我好喜歡。

人人都是藝術家

一九三〇年代起，歐洲畫家來到峇里島，傳授當地居民使用油彩作畫的技巧，畫神鬼之外，也畫梯田和花鳥；如今，這裡人人都是藝術家。旅館的壁畫，可能由打掃房間的服務生手繪；泛舟而下，兩旁岩壁上綿延不絕的神像雕刻，是無名藝師一生的心血。在台灣被認為沒效率、沒價值的事情，在這裡都是藝術。

烏布的路邊有許多小舖子，有的賣木雕蜘蛛，有的賣竹編燈籠，一家店就賣一種手工藝品。對我來說更迷人的，是鄉間小路上那些簡陋的個人畫室。窄小的門面裡，中年男人正在作畫，旁邊擺著已完成的作品，等待有心人問津。有些畫家固守著花鳥、鬼神等傳統繪畫主題，也有人選擇跟隨流行，畫衝浪、畫名人，畫西方世界熱中的各種作息。

我站在畫室前，請兒子為我拍一張照。我嚮往這樣的生活——如果我在台灣、在真實生活中，能擁有一間稻田邊的小畫室，我一定每天早上都來畫一幅畫，然後才開始一天的生活。

又是多夢的清晨，我醒得很早，趿著一雙夾腳拖，走在泛著薄霧和青草香的小路上。我有個感覺，我好想在這個場景中一直、一直地走下去。這條小路會

在峇里島如魚得水的女人

四十五歲那年，我二度踏上峇里島，因為一個叫做美月的女子。

初見美月，是在朋友的攝影棚，她曾是周遊列國的資深導遊，如今在峇里島經營民宿，而且是在五根手指就能把台灣人數完的烏布。據說她的民宿頗有人氣，不少媒體都採訪過。返台期間的短暫會晤，美月給我的初步印象是：爽朗率性、享受人生、喜歡美術、喜歡和設計師交朋友、喜歡做菜給朋友吃、喜歡看厚厚的翻譯小說（愈厚愈好），還有，懷裡抱著一個棕髮大眼、被我戲稱為「沙威瑪寶寶」的中東混血小小孩。

美月當時正要規劃新民宿，她大力邀請我去烏布走一趟，幫她出些設計點子。雖然和美月一見面就很投緣，但我沒把這個「交換行程」放在心上，我猜想，美月知道我是個設計師，做過不少唱片，好像還有一點名氣，所以才想邀我合作；我口頭答應了，心裡卻認定這只是一樁通俗而現實的生意。倒是我的太太舒華三天兩頭催促我：「你到底回信給美月了沒啊？」於是，相隔五年，護照上蓋了許多不同的戳章後，我隻身回到了神與鬼的國度。

當我站定在烏布街頭，發現美月居然把民宿——實際上是五棟 villa——蓋在山城中央三條大路的交會處，我開始對她刮目相看，承認這個華人女子不簡單。對於有能力的人，我從不吝於重新了解，甚至崇拜。短短幾天的交手，我從美月身上看到一個獨立女人的樣貌。

帶團的那些年，她重複造訪的名山大川、萬象都會不知凡幾，難以想像的是，在峇里島定居之前，她已經來過這裡上百遍。跟著美月走在巷弄中，她像個文化史老師，娓娓道來峇里島的前世今生。有時我覺得她好像太專業了，我會故意打岔，用手機播一首黑眼豆豆的歌，逗樂她和她的沙威瑪寶寶。

我問美月，為什麼是峇里島，而不是其他地方？

她說，峇里島最合拍。以前待過的地方、做過的事情未必都順利，可是到了這裡，可能是磁場對了，好像怎麼做都對、都合理、都好玩；而且還能賺錢。

五棟 villa 的民宿不算小，加上餐廳對外開放，還兼營一家藝品店，照理說美月肯定是大忙人，但她就是有種好整以暇的本事。廚師請假沒來上班，她坐鎮廚房指揮若定，把一道道菜變上桌；晚餐時間到了，照樣抱起寶寶，到預約好的漂亮餐廳和朋友聚會；客人來家裡聊天，她會提議，我們何不用這個時間順手做個焦糖布丁？

對她來說，只剩五分鐘還是要把果汁打好；最後十分鐘還是要進超市買齊一車食材。明天，還是一樣要過得很好。

她不是安居樂業的女人，她是想到就成行、買了機票就出發的女人。錢？再賺就有。這個魄力的、細膩的、樂天的、過動的、男女合體的女人，令我深深折服。然而，我無法想像如果美月回到台北生活會是什麼景況，她是否會為了適應台北人的樣子，變得綁手綁腳、施展不開，失去她在峇里島如魚得水的氣派？

從群魔亂舞到人聲俱寂

這次造訪美月，是在三月上旬，她特意安排這個時間點，讓我體驗峇里島的新年——安寧日。峇里島人認為，雨季中魔神四出肆虐，因此選在雨季結束前夕，舉行盛大的驅魔祭典。在個把月前，村民們已開始搭建鷹架，並準備用竹子、舊報紙等回收物資，塑造出各形各狀面目猙獰的鬼怪，挑戰製作最高大、最精緻、最富於想像力的「歐夠歐夠」（Ogoh Ogoh）。到了安寧日前一天，所有出外工作的人都回到家鄉，「歐夠歐夠」也已安坐在棋盤狀的竹架上。繞境隊伍從神廟出發，在傳統樂聲中，幾十位少年合力抬著一座鬼怪，遇到路口便停轎大秀舞姿。只見人群同時向右急速旋轉，忽然又猛力向左迴旋，不只比賽哪個村子做的大魔神最炫最酷，也比賽誰的最牢固。午夜前，大夥兒喧鬧著把歐夠歐夠抬到海邊空地放火燒掉，象徵為鬼怪們舉行火葬，也趕走眾人心中的惡魔，讓一切回歸自然與和平。

狂熱的祭典才過，峇里島的新年卻是由一片靜默開始。安寧日這天，所有人為的事都不能做：不開燈、不點火、不進食，甚至不說話。所有人必須留在家裡，進行一整天的冥想，反省過去一整年的作為，重新找尋與自然間的平衡。

安寧日是印度教的傳統，但由於峇里島自有一套以祖靈回歸日為起點的曆法，而印尼又有國定的新年，所以，峇里島民一年當中至少要過四個新年，再加上大小廟宇的紀念日，人們永遠在為下一個慶典忙碌，往往一次準備就要花上兩個月。美月半調侃地說：「難怪這裡的人都沒錢，他們太虔誠了，賺的錢全都拿去獻給神了！」

你好歹是做設計的吧？

回台灣僅僅四個月，我帶著老婆、三個孩子和未來villa的設計圖，第三度造訪峇里島，準備舉家叨擾美月半個暑假。

美月的民宿很漂亮，完全符合你對於峇里風格villa的想像：草木扶疏、空間寬敞，以柚木家具營造出簡潔的現代感。可是，她自己卻住在田中央一棟好似克難搭建的木屋裡，廚房甚至有一半沒有牆，只是隨興地拿一塊白色布幔圍住。她說：「怕什麼？這是峇里島耶！」電視廣告裡的主婦都嚮往高科技的閃亮廚房，但這個女人不一樣，她從屋頂垂下兩根蜘蛛船上拆下的橫樑，上頭掛滿鍋碗瓢盆，她說：「我的廚房這樣就好！」

可是，在「這樣就好」的廚房裡，她近乎炫耀似地把每道菜做得極美，不服輸地擺出一桌全是紫色的豐盛早餐；她學習印尼飲食的精髓，把肉桂葉切成細細的小方塊，自己動手做香料；已經打好的酪梨汁，還要沿著玻璃杯口淋上一圈巧克力醬才准客人喝。「你們喝完了沒啊？我的第二道果汁要上囉！」如果你是客人，有什麼感覺？我超喜歡讓她招待！

每一天，美月都要帶著我和舒華去超市採買好多種食材。她做起菜來除了有中式的大氣，還有一種西式的講究：今天沙拉要哪幾盆、果汁要哪幾種、怎樣的杯子要配怎樣的酒……看她下廚，就像看到旅遊頻道裡的女主人一樣。這種用心，應該就是她能把民宿經營得風風火火的關鍵吧。她常虧我：「你好歹也是做設計的嘛，怎麼這麼不講究咧？你還用吸管啊？」「拜託，杯子也挑一下好不好？」她這種挑釁讓我也想跟著起舞，有時我故意嫌棄她選的東西，她也會假裝卯上：「欸？有品味喔？」「好啊，來尬一下啊！」

有人問我，峇里島之旅帶回了什麼紀念品？我想，最好的紀念品就是：過去在生活細節上一向草率的我，放下了大男人的矜持，學習美月對於每一頓飯、每一個器皿都在意、都講究的這份雅致。

餐桌上的沙威瑪寶寶

更熟了以後，有一夜聊起愛情、聊起中東人。美月的描述不太精密，聽起來，那位帥氣的男子每年固定會來峇里島度假，他倆在聊天當中，覺得氣味相投、彼此欣賞；就在幾次到美月的 villa 作客之後，他留下了這個寶寶。

舒華問美月，他知道自己有個兒子嗎？美月的回答很微妙：「我想，他應該不知道吧！」「……不過，他每年都來峇里島，看到我身邊有個小孩跟他長得挺像，那他應該知道吧！」

我猜測，美月並沒有打算結婚，但是，她好愛她的寶寶，進進出出都帶著他。

她繼續在民宿裡指揮若定、開心做料理，繼續帶著民宿客人大街小巷尋寶，繼續計畫她的旅行、做她要做的事；孩子完全不是她的障礙。每到吃飯時間，餐桌上總是躺著中東寶寶，和我們一起開動。

我分享美月的故事，因為她是真對味的人。出社會以後，我有一層個性變得特別強烈：昨天才和朋友聊到天花亂墜的事，今天我就真的去做，而美月和我一模一樣。上雕刻村買神像，經過幾輪挑選、殺價，我開口說：「這些，我要全包。」她嚇了一跳，之後的幾天逢人便說：「我第一次遇到個性和我一樣的人耶！跟蕭青陽出去真爽快，都不用計較買一個還是買兩個！」那時起，她也常常故意施展這一手，路上看見賣榴槤的小貨車，馬上吆喝：「好，全部！」

對我來講，那是個什麼都便宜的地方；對美月來說，多與少不重要，那是她的海派本色。我們只需要互相加油、煽風點火，就夠好玩了。就像新民宿計畫一拍即合，「好，蕭青陽，你幫我畫設計藍圖，我們就來蓋它吧！」

找到對手也是人生一樂，美月常這樣介紹我：「有一次蕭青陽看到路邊有烤魚攤，大家都嫌髒，但他堅持要吃。我支持他，最後整輛巴士的人都下車了，每人兩隻現烤現吃，挖靠，超過癮的！那是他這輩子吃過煙霧最大的一餐，又熏又辣，所有人都是閉著眼睛吃完的！」

美月又說：「蕭青陽你這人真好玩，打個地鋪、搭個蚊帳就能睡耶，太好了，我們下次一起去旅行！你知道印尼有一萬七千多個小島嗎？」印尼東部的阿勒（Alor）群島，保存原始風情，是最棒的潛水地點，島上有法國人經營的民宿，但是沒有電；美月曾和一個澳洲人背上背包跳島探險，身上唯一的衣服溼了又乾、乾了又溼，袖子上結滿鹽晶。「你這麼愛玩，一定會喜歡那裡！」

她還有另一個點子：「我們沿著泰緬邊境的桂河，用當地人的省錢方法旅行。可以租連續三艘的竹筏屋，一艘放行李，一艘睡覺，另一艘用來煮飯。」她都想好了：「你們一家五口太適合了，就在船上喝茶喝酒，洗衣燒飯，待上一個禮拜！」

神靈眷顧的島嶼

東方旅客只把峇里島當成衝浪、喝椰子汁、做spa的優閒島嶼；但是，西方遊客來這裡進行度假之外「任務」的比例卻高很多。

當美月登上旅遊車、化身導遊的時候，她總會提起一則軼事：前總統李登輝的夫人曾文惠，隨丈夫來峇里島度假時，曾在某間廟宇題字，寫下：「這是一座連神都眷顧的島嶼。」這句話，就是美月希望遊客理解峇里島的角度。到丹巴薩機場的書店，你會看見數不清的峇里島攝影集和旅遊書，好多人在歌頌它、研究它。何止是神靈眷顧的島嶼，全世界的藝術家都特別寵愛著它。

來峇里島寫作的人特別多，美月帶我走進小巷裡一家店舖，連爬了三段階梯，來到一個形如廟室、陳設簡潔的雅致空間，和一位長住的作家聊天。島上的特殊氣息，給了作家一個安心而享受的創作環境，讓他決定留下。這樣的事我不是第一次聽說。我從前的唱片公司老闆，也曾為了專心完成一件企劃案，特地飛到峇里島找靈感。實際造訪之後，我對於這裡的「靈氣」給創作者的幫助，完全心領神會。

於是，我也把峇里島的神帶回了台北。走進我的工作室，就會看見兩尊鷹神木雕，祂是毗濕奴神的守護坐騎；一個人工作的時候，我時常點燃在烏布買的線香，放起竹琴CD。到現在，我的電腦、iPad和手機裡都還存著峇里島的傳統打擊樂。每當我的小兒子棠棠感冒、不舒服的時候，就會跑來找我，要我放給他聽。我想，在它乍聽無章法的節奏裡，蘊藏著一種歸屬感和安慰的能量。

相較於峇里島的靈感處處，我居住的城市，是個已經沒有神的地方。台北的神都只住在廟裡、在香爐的後面，一離開廟堂就消失了。我多麼希望像峇里島的居民一樣，可以隨時隨地向神明祝禱，也許是工作的空檔，也許是聊天的當下，大家一起走到路口，盛一盤花、點一枝香。我好奇，在峇里島流連不去的那些異鄉客，是否也像我一樣，嚮往一個神鬼並存、信仰的味道瀰漫在空氣中的所在？

賴爺說妳很漂亮

天上飛著斷線的風箏，炙熱的柏油路上爬過紅螞蟻大軍，空氣裡浮動著香氣，背包客們跨上機車向下一站朝聖。美月民宿前的交叉路口，人來人往，形形色色，一直到夜裡，還有人拖著行李來問，有沒有房間可以住。這些畫面，使我回想起舊金山的嬉皮街。我覺得，自由又浪漫的峇里島，好像舊金山的放大版。

南緯八度的熱帶島嶼，不分季節，傍晚六點多天就黑了，過了七點，烏布的店家紛紛打烊，然而大宅院的善惡門內，神話舞碼才正要上演。傳統的甘美朗樂隊反覆敲打著忽快忽慢的迷幻音律，琤琮叮咚，引人進入冥想的境界。我看見好多金髮高鼻的男女，穿上峇里島傳統服飾來看表演。西方人眷戀峇里島，除了因為它「諸神故鄉」的魅力，可能更因為嬉皮文化中汲汲追求的心靈故鄉，在這裡俯拾皆是吧。

美月的餐廳像是個情報站，炎熱的午後，我經常一邊開著電腦做稿，一邊偷偷觀察上門客人的舉止，猜猜他們的國籍。每個來到峇里島的女生，都把自己打扮得性感又漂亮，女人的樣子全都跑出來了。而且，她們都排好了滿滿的行程。

門口進來兩個台灣女生，熟門熟路地說：「好餓喔，我們排了好久才排到呢。」美月湊過來：「就叫妳不要再去找他了嘛。賴爺每次講的都一模一樣。他是不是一開頭又說妳很漂亮啊？」

她們談論的賴爺，是一位峇里島傳統治療師，在電影《享受吧！一個人的旅行》中，以他為藍本的角色，曾為女主角茱莉亞．羅勃茲算命。賴爺的家原本沒沒無聞，但電影上映後變得門庭若市，外國遊客排著隊請他看手相，還不忘拿著原著小說，比對書中的場景。

如同「祕密法則」一般，在飛往峇里島拜訪美月前的某趟航班上，我剛好看了這部片。我本來以為它是一般的輕喜劇，打算快轉瀏覽，但轉一轉卻發現：不對，我被中文片名誤導了，這根本不是什麼愛情旅行電影。太多畫面是灰暗、寂寞的，女主角經常陷入抽象長考。說得直接一點，她其實是一個人在峇里島遊蕩，恍神著摸索自己的去向。

這部片適時照亮了我的盲點。五年前初訪，我將峇里島視為一個神鬼交鋒、藝術垂手可得、適合親子同樂的旅遊勝地，卻忽略了它是和心靈探索息息相關的一個地方，也來不及理解那些獨行旅客的感受。這部電影把女人對幸福的迷惘以及想測知命運的心情和東方民俗巧妙銜接，我覺得，它像是一盤前菜，預告著我即將在峇里島遇上的新感動。

唱著卡本特兄妹的一家人

誰說旅行中認識的朋友只是過客？在美月民宿結交的朋友，都變成我回台北後還會不時碰面、深入聊天的好友。美好的緣分保存了下來，其中除了想念，還有一些同情。

我心裡有個畫面，彷彿是美月開著車載大夥去旅遊，同車的每個人都很歡樂，拖著行李箱的形象都是開心的，但私底下，各自都有不為人知的故事。

美月曾告訴我，有一位母親，每年暑假都帶孩子來參加夏令營，後來和先生離婚了，仍然每年自己帶小孩來峇里島。

再次造訪美月的民宿時，我在餐廳遇見了她，而且馬上猜到就是她。她大方地自我介紹，她是個花藝老師，在某所藝術大學任教，和我也算同行。她就是我之前提到排隊去給賴爺看相的女子。

過了幾天，旁邊那棟 villa 裡，出現了另一組人，一個大嗓門媽媽領著一群國中生，正在上高階游泳課程。他們的營隊活動非常熱鬧，放風箏、烤地瓜、衝浪，還有營火晚會。很快地，我的孩子也加入了他們的活動。

一開始，我對這個媽媽實在難以忍受，她總是嚴厲地講道理，而且道理永遠都在她那一邊；她經常要求孩子們道歉，有時還祭出罰站。但是，這麼霸氣的媽媽，只要一講到自己的兩個兒子，馬上變得溫柔無比，嘴上掛著：「最帥的就是我們楊仁了！」「我們楊仲這學期又是第一名耶！」樂此不疲。

一旁聽著的我，打從心底升起陣陣反感。我心想，妳是帶隊的人耶，這樣好嗎？這到底是怎麼回事的旅行啊？我很想為其他孩子抱不平。後來，當她又說到「最帥的就是我兒子」時，我故意指著旁邊的一個男孩說：「喔，這個是妳兒子？」她搖搖頭說不是，然後開心地把楊仁指給我看。

漸漸地，我卻心軟了，因為我發現，她其實就是個直腸子的人。晚上，住客們聚在客廳聊天，美月說到，楊仲、楊仁的爸爸是位建築師，而且現在這間民宿就是他設計的。我心裡有了一點異樣的感覺。

我從旁人口中聽到的，全是對楊家爸爸的正面評價，他是個有才華、有膽識，極為優秀的藝術家。但是，繼續聽下去，他們說起，楊家爸爸病逝前的最後一個月是在這裡度過的，是美月促成他實現了這個臨終的心願。原來他已不在人世？我心裡像是挨了一記悶棍。美月卻不忘開玩笑：「那時我剛生產不久，別人看到他住在這裡，還以為我的小孩是跟他生的呢！」

營火晚會開始前，楊仲和楊仁特地來邀請我去看他們表演，這兩位少年很有禮貌，態度也很大方，體格又好，從每個角度看來，的確都是模範生。可是當時我殘忍地拒絕了他們，我說我累了，想在帳篷睡個覺。

其實我沒有睡著，遠遠地，我看著他們在圓形帳篷區的中間演出，形式類似舞台劇。結束後，我問我的小孩表演好看嗎，他們說：「爸爸，楊仲、楊仁表演得好棒喔！」

夜色漸深，我坐在營火旁加柴，楊家媽媽把兩個孩子叫到我面前，她說：「我們一起唱卡本特的歌給蕭叔叔聽吧！」他們唱了一首、兩首、三首，不管是媽媽還是兒子起音，都是默契十足。我心中不禁讚歎：好自然的一家人！我能想像，他們的爸爸在世時，一定也常常全家合唱這些歌。

楊仁的媽媽從來沒有對我說過她先生的事。我和她先生都是做設計的人，而且我還接下了她先生的棒子，為美月設計民宿，不知道她看到我時，是否會有特別的聯想？無論如何，我真的很後悔曾經潑她冷水，但話已出口，也只能自我安慰還好當時不熟了。

回台灣後，偶爾點開我的「臉書廢墟」時，我會特別注意這一家人的動態。我發現，他們的好友不超過五十個，始終維持在一個相對封閉的社群中；即使到現在，他們新發布的訊息經常還是在懷念爸爸、搜集他生前的資料；而首頁照片放的也是幾年前拍的全家福，看起來就是在峇里島拍的。

當認識愈來愈深刻、事情愈看愈清楚，我深深覺得，這位媽媽好堅強。所以，我偶爾會寫信給她，告訴她我時常懷念那一晚，在火山旁的露營區，她和兒子們唱著卡本特的情景。

如果要我為峇里島之旅加上一段配樂，除了傳統竹琴樂曲之外，一定就是卡本特兄妹了。熟悉的旋律中帶著溫暖、同時卻有說不出的悲傷，彷彿封存了什麼，紀念著什麼。我想，那其中除了這一家人永恆的思念，也包含著我對這位沒見過的楊家爸爸，一種身分接近、感同身受的投射。

旅遊書沒有告訴你，峇里島是一座愛的島嶼

我納悶著，不就是一趟峇里島旅行，我有必要把感受搞得愈來愈多嗎？

在峇里島遇到的這些女人，美月、花藝老師、楊家媽媽……她們的形象一重一重地疊合著電影裡的茱莉亞．羅伯茲，彷彿在對我說些什麼。我駑鈍地想著，這些女人們是否都失去愛，或還沒有找到愛？

住在美月家的日子，我經常漫無目的地散步，尋找一處好地方，打開我帶著的午餐便當，或許在民房後方的稻田裡，或許在涼亭下面。除了走路、看畫、看雕刻，我每天都要回到稻田中央的美月小屋，我很喜歡這種調調。至於晚餐，我們一群人經常像南歐人一樣，在長桌上吃到半夜十二點。

每到星期五、六、日的晚餐時間，遠方就會傳來「統茲統茲」、像開演唱會般的音浪。美月說，從前更大聲，後來被居民抗議才小聲了點。她經常慫恿著我和舒華：「你們怎麼不過去看看呢？那是個瑜伽中心，十分鐘就走到了啊！」

有一晚，已經九點多了，「統茲統茲」還是未曾稍停。我對舒華說，我們去看看吧。美月家的一隻黑色狗兒也尾隨著我們，牠特別會保護客人。

一棟房子單獨地站在田中央，才踏進門，就看到一整排的書，封面都是老外穿著東方服飾在打坐冥想，牆上還掛著許多印度經文。看得出來，這是有別於門外世界的另一個領域，是一處修行的地方。

統茲統茲聲音很大，可是一個人都沒有。我有點害怕，於是把黑狗也帶著上了二樓，心裡盤算著，和老婆迅速看一眼就離開吧。

二樓出現了像是演唱會舞台用的黑色布幔，我示意狗狗不要跟來。揭開布幔一角，映入眼簾的是，一眾男男女女正在做著好多性感的、追求愛的事情。

我和舒華都是成年人了，倒不覺得這有什麼大不了；我只是驚奇：原來，峇里島的瑜伽長這樣啊！我在心裡下了一個注解：這就是愛，這個地方好有愛。

不是所有女人，到了某個年紀，就能找到另外一半；很多人還在尋尋覓覓。從帶著中東寶寶的美月、排隊找賴爺的女子，到這些晚上去瑜伽天地的人，我看見「找愛」這件事，在峇里島格外地開放和開心，原來這裡藏有這麼多解放身心靈的力量。

或許西方人老早就意識到，峇里島才不是一個做spa的地方，它根本就是一個尋愛的島嶼，否則《享受吧！一個人的旅行》的女主角，也不會流浪了半個地球來這裡自我反省。我必須說，台灣寫峇里島的旅遊書都太呆板了，峇里島的面貌沒有那麼單一，它還有許多更深層的、讓人喜歡的東西包含在內。

雙層巴士與椰子樹

旅途中，不時會遇見一些半路跳車的朋友。有了美月帶路，我們造訪島嶼南端的華人聚落，並在屏東人船長家中品嚐海鮮台菜，聽孩子們說著流利的國台語、英文、印尼話、峇里話。原來漁人不只以海為家，也可能遇上美好的他方，生根發芽。

曾有位定居烏布的法國人告訴我，他買下了半座山頭，正計畫把整個家族都遷過來長住。人類改變生存方案，一直是很驚人的決定；而在峇里島做出這個決定的人，密度頗高。我不禁自問：倘若人生平均八十歲，難道一個人不能有三次選擇機會？我也可以更酷、更大膽一點嗎？

每天，飛機把人群一波波地倒進這座蕞爾小島，其中不少人期盼在此尋到新的未來，無論心靈上的或生計上的。然而，就像所有的故事一樣，從世界各國以及印尼其他地區湧入的新移民，掀起了文化入侵的疑慮。早已是在地人的美月，對這些變化老神在在，然而，在我這個眷戀峇里島反璞歸真氣質的遊客看來，不免怵目驚心。

在我三度造訪峇里島之間，大型雙層巴士已開放進口，突兀地行駛在鄉間小路上；到了熱鬧的庫塔，車陣永遠塞住不動。我為這項解禁感到遺憾，更為可預見的更多改變而擔憂。難道就像蘭嶼那條窄窄的環島公路被拓寬成雙線道、海蝕山洞也被迫炸掉一樣，有一天，通往烏布聖泉寺的馬路也會變得大又直、庫塔也要蓋滿高架橋嗎？那樣的畫面，可否就留給台北、東京或者北京？

童年的我，也曾祈禱新店變成繁榮的鬧區，但大約在國中時期，我就想通了，有些美好不在於豪華，而在於單純；而有些進步，不在於把一條水溝加蓋封死，而是將它重新疏通，恢復水源的潔淨。回到人與自然親近的狀態，是人類「文明」更高層次的追求。

所幸，還有強大的信仰守護著峇里島。人們虔誠地向神祝禱，所有的抉擇都以神靈為依歸，這樣的篤定，讓他們與外來文化平和共存，即使衝擊、改變在所難免，但無須憂慮失去根本。印度教神廟的隔鄰可以是清真寺；下頭的村子舉行祭典，上村的洋人開趴、騎哈雷追風也不衝突。以信仰為中心的生活，扎實地傳承著風俗禮儀、語言文化，讓峇里島數百年來經歷了荷蘭、日本、印尼的統治，卻未留下太多殖民地的影子，依然保有獨特的面貌。

峇里島有一條著名的法律，就是任何房子不能蓋得比椰子樹高，這項規定的由來據說是為了避免觸怒椰子樹的神靈，而實質上，它捍衛了峇里島乾淨的天際線。我問美月，難道沒有人鴨霸地建造不合規定的房子嗎？美月說，有啊，曾有人不信邪地動用人脈，硬是蓋起了高過椰子樹的飯店，但敵不過排山倒海、指指點點的民意壓力，沒多久便拆除了。在峇里島，即使你過得了官府那一關，只要過不了神明這一關，還是徒勞。

近年來，國際連鎖飯店幾乎全進駐了峇里島，在高薪的吸引之下，不少年輕人放棄務農，選擇到度假村工作；不過，來這裡開飯店可得有心理準備，節慶將近，員工請假的請假，沒請假的也心神不寧；遇上安寧日，如果老闆不准假員工就要離職，沒得商量，誰叫神才是他們的大老闆。

就是這股神奇的魅力，使外來客趨之若鶩，同時又牽制著外來文化的囂張；有趣的是，它也讓峇里島的傳統更加神格化，街頭巷尾的神話愈發活靈活現。

誰來給我一座祭典？

有人問美月，她的寶寶在峇里島長大，教育問題怎麼辦？她回答：「像台灣人一樣念那麼多書，就比較快樂嗎？」有人笑印尼人擁有「最新鮮的頭腦」，因為很少使用；但美月認為，這裡的人回歸傳統教養，在生活中學習，不像台灣人用腦過度，堂堂大學畢業生的生活能力，還比不上這裡十二歲的孩子。

峇里島的學童，有時一天只上兩、三小時的課，如果睡過頭上不了課，還會焦急得掉淚；到了下午，他們紛紛趕去廟裡練習樂器，在我眼中，那奔跑的畫面美得猶如夢境。我想起在奧地利辦學的音樂家陳哲久教授說，奧地利學生中午就放學，「因為家庭教育很重要，早點回家拉小提琴多好！」峇里島人的觀念，和奧地利人不謀而合，如果我們認定歐洲教育最「先進」，那麼峇里島的教育，會不會也比台灣「成功」？

回到忙碌的台北，我依然熬夜做稿到天亮。然而，我開始反覆思考：我的神、信仰、支撐是什麼？我反省了，也想改變，但為何我沒有一場祭典可以參加，提醒我時間到了、該休息了？我們不是號稱文明古國的後代嗎？

我不是有高超頭腦的人，沒法解答自己提出的疑惑，但我好像知道為何我對有神有鬼的世界情有獨鍾了。神和鬼說到底，不就是人的腦袋、靈魂在自然中的凝聚？以神鬼為先的律法，其實就是以人為本、以自然為體制的規範。為椰子樹立法、不蓋高樓大廈的峇里島，就是最好的示範。

什麼時候，台灣也能有一座祭典、一棵椰子樹，帶我們走進真正的文明？

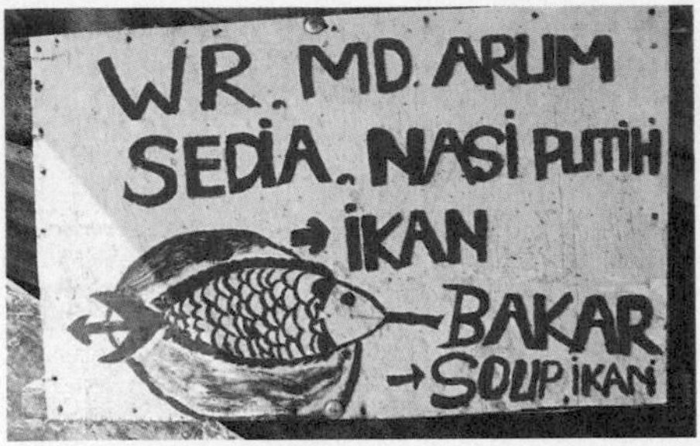

前有烤魚。

每天下午，大家都出來放大風箏。

人人都能來一段巴龍舞。

寫實畫派雞蛋花。

老鼠的身體翻過來就變成背包，恬恬和棠棠也來幫忙。

如果我出生在峇里島，現在肯定也在鬥雞。

打造美好的祭典，是生活中最重要的事。

祈福的燈篙迎風擺盪，美得像是夢境。

坐在路旁，和爸爸一起編織燈篙。

一切取之於自然。

這就是峇里島style。

最喜歡和美月去逛「旗仔嶺」夜市。

食材和器皿全都取自於種植的收成。

編織好的雞蛋放進鍋裡，煮好就有葉子的清香。

一想到豬皮便當飯和橘子水，我就想去峇里島。

一整桌超辣的巴東飯和沙威瑪寶寶。

我心目中的峇里島女王——美月。

到處都在畫畫的島嶼。

油桶鐵蓋是今年最新推出的藝品。

超乎想像的藝品街，每家店只賣一樣東西。

一九三〇年代，歐洲人引進了竹子筆油畫。（蕭青陽翻攝）

烏布一層層的梯田，帶我回到小時候和阿嬤一起住的安坑山上。

撒哈拉：在沙漠中寫下遺書

SAHARA: He Left His Last Words in the Desert

撒哈拉險惡的環境和絕望的氣息，讓人不得不直視死神的迫近，
然而，這正是它最迷人之處。
無論旅行或者面對死亡，都是人生中重要的一課，而沙漠為我們打開了那一課。

夾腳拖也能橫越撒哈拉！

很久以前，我就覺得自己有一點感應未來的能力，身邊大小事的發展經常如我所預料。說穿了也不稀奇，這應該就是《祕密》那本書說的「吸引力法則」，心想事成吧。

好比二〇一〇年底，我起心動念，覺得「是時候玩點不一樣的了」，於是在名片上加印了一句英文，大意是：「好玩的都找我！」果然，在那之後，遠行的邀約紛至沓來，二〇一一年，我的驛馬星暴走，從年頭到年尾，一共造訪了五大洲十九個異國城市。馬不停蹄之中，有一段旅程不算最長，卻為我提高最多旅行及人生的經驗值。我想，即使有一天我老到躺在床上哪兒也去不了，只要閉上眼，一定仍能感受到它的熱力。

「蕭大哥，有沒有興趣陪三太子一起去撒哈拉跑超級馬拉松？」才開春，我接到一通電話，話筒那端是好久不見的錄音師賴雨辰。

和小賴結緣在二〇〇八年，他邀我為他製作的馬頭琴專輯《八百擊》設計包裝。當時我已經以《飄浮手風琴》和《我身騎白馬》入圍了兩次葛萊美獎，小賴滿心期待《八百擊》也有這樣的好運。他從蒙古帶回了馬頭琴的材料和資訊給我參考，陪著我思考、發想、推翻原案，再從頭來過，就這樣，他在我的工作室耐著性子蹲了好幾個月。

工作室裡人馬雜沓，像個交誼廳，有時一干朋友興頭來了，拉著我殺到樂華夜市或KTV，小賴也奉陪到底。不過，那年稍早，我還接了詩人吳晟《甜蜜的負荷》專輯的設計案，兩張同樣是煞費心血的製作，這讓小賴的憂慮溢於言表，他擔心《八百擊》的光芒會被《甜蜜的負荷》掩蓋，畢竟兩張專輯同時入圍的可能性很低，總有一張會被犧牲。年底，他的擔心成真，《甜蜜的負荷》入圍了那一屆的葛萊美獎。我想小賴是失落的吧。

這是我所知的小賴，一個執著得可愛的客戶。他一定還記得我愛跑步，所以想起了我。可是，我印象中的小賴不愛運動，又是半個港仔，從他嘴裡說出「和三太子一起去撒哈拉跑超級馬拉松」這句話，會不會太魔幻了？

關機不了，就去慢跑

說起和跑步的淵源，有兩件往事讓我判斷自己算是「能跑的人」，一是國小五年級代表班上參加跑步比賽，雖然沒跑完，但令我記憶深刻的是，當我不覺得累的時候，我跑得還挺不錯的。二是在苗栗通霄服役時，剛開始體能和南部兵完全不能比，不過等我熬成了老鳥，體力也已經磨得很好，當時營區旁邊就是火力發電廠，我經常拉著幾個兵一起跑步，繞著電廠跑完一整圈也完全不累，彷彿可以一直跑下去，變成了慣性一般。那時起，我隱約覺得自己應該可以參加馬拉松。

真正和跑步結下不解之緣，是六、七年前，我的一位助理即將去當兵，剛好我也想運動，就揪了他和另外兩位助理去樓下公園慢跑，從那時起，我養成了天天跑步的習慣。我常說，這座公園真有活力，從早到晚都有好多人在運動，連我凌晨三點從工作室回家，都還有人在跑呢。我那嘴巴壞的老媽卻回我：「哼，你不知道喔，他們是身體有問題才出來運動，好好的才不來跑呢！」其實，我媽說的沒錯，我也是因為右膝受傷開刀後，擔心肌肉萎縮變成長短腳，才會提起毅力每天跑步復健，從最初的公園，一路跑到現在的河濱運動場。

跑步看似無聊，實際上也的確單調，但是，它卻是我重整大腦的好幫手。我在晨跑時會做一種練習，把昨天處理的某件事從頭到尾反芻、梳理一遍，在無人的跑道上，我甚至會閉上眼睛跑一段。都市人生活忙碌緊張，很難找到完整的時間沉澱、過濾心緒，但藉由跑動間重複的呼吸和步伐，我做到了。我的理論是：既然無法「關機」放空，那不如求個痛快吧！童年為夢遊所苦的我，長大依然是個多夢、睡不好的人，但只要晨跑完三千公尺，前一晚的熬夜失眠、亂七八糟都可以歸零，直接調整到思路清明、元氣滿檔的狀態。年輕的助理們來到工作室時，常常還帶著昨夜的疲憊和睡眼惺忪，但我已經準備好迎接新一天的挑戰了。

扛三太子走過無人沙漠

我這一代的台灣人，提起撒哈拉，第一個想起的可能都是三毛。那麼遼闊荒涼、生死交關的地方，卻足以讓作家寫出感人的作品。懷著對撒哈拉的好奇，我來到小賴工作的廣告公司，看了「行者・三太子」計畫的宣傳片。這個計畫的主角，是來自台中大肚山九天民俗技藝團的一群中輟生，在許振榮團長嚴格的調教下，這群邊緣人不但重拾學業，還練成了一流的廟會陣頭功夫。近幾年，他們發願背著三太子神偶行腳台灣，不但徒步環島，還曾登頂玉山。但許團長的眼光放得更遠，世界四大極地賽中的埃及撒哈拉賽事，成了九天孩子們的下一項挑戰。

我和許多人一樣有著不小的疑問：極地超馬不是林義傑等級的選手在跑的嗎？九天團員們背著神偶上山下海，甚至走進無人沙漠，到底在行腳什麼？想證明什麼？影片中的許團長淡淡地說：「陣頭，就是走在神明前面。」不為證明什麼，只想讓孩子們看得更多。

我懂得了許團長的意思。至於為何是三太子？台灣命運多舛，必須「打斷手骨顛倒勇」，在惡劣局勢中走出一條自己的路；而天真叛逆、血氣方剛的三太子哪吒，在鑄下大錯後勇敢悔悟，割肉還母、剔骨還父，終能獲得重生。在許團長眼中，這兩者彼此呼應：錯誤中成長的三太子就是這些中輟生的榜樣，祂的精神正是絕處逢生的台灣精神。

許團長相信，愈艱辛的考驗，愈能讓孩子們脫胎換骨，用珍貴的革命情感，開創屬於九天全體的價值。許團長強調，他把九天當成品牌來經營、行銷，要讓台灣的神祇文化，以藝術的高度被世界看見。

愛玩又愛滾雪球的我，欣然加入了「行者．三太子」團隊，前進撒哈拉。包括九天團員、專業及業餘運動好手、工作團隊等一行二十人，將在七天六夜的沙漠賽事中長征兩百五十公里。臨行前的總統府記者會上，來自各行各業的隊友們第一次共聚一堂，英雄來自四面八方，這個組合喚起了我當兵入伍時的記憶。

穿夾腳拖創撒哈拉紀錄

清晨七點的撒哈拉，天空沒有一朵雲，只等裁判對空鳴槍，二十幾國的選手就要衝出起跑線。我信心滿滿地開始了個人沙漠第一跑，沒想到，比賽才進行了一分鐘，我腳上那雙知名運動品牌老闆專程快遞給我、標榜透氣兼耐操的專業跑鞋，就被細沙填滿了密密麻麻的透氣孔。

我心中胡亂一陣「耐ㄟ阿捏」，單腳站立在賽道旁，糗到爆地甩去鞋上的沙，眼巴巴望著其他選手揚長而去……別無選擇，我只好換上在邁阿密沙灘買的夾腳拖。就這樣，我創了一個新紀錄——穿著夾腳拖徒步撒哈拉！

這下可好，明明是沙漠馬拉松，卻來了一個台東的衝浪客。頂著四十二度的酷熱，我加緊補充水分，對自己信心喊話：「沒問題的，四年來你每天早上都起碼跑完三千公尺，養兵千日，一定能完賽！」然而，起跑後六個鐘頭，隊伍已拉長到舉目四顧不見一人，望著燙得像要融化的沙漠，我漸漸力不從心，往前走也不是，停下腳步也不是，突然一陣暈眩，倒臥在沙地上。強忍著右小腿劇烈抽筋，我掙扎著站起身，不料左腳也發難了！天旋地轉間，一輛載著其他路倒選手的救護車喔咿喔咿，在遠方呼嘯而過……

終究我也走上了大會的裁判車，這才知道，在沙漠中喝水是有學問的，必須少量多次補充；我一出發就咕嘟咕嘟大口猛灌，再加上一路「太活潑」，跑上跑下拍照，結果水分吸收不了，喝多少吐多少，造成了急性脫水。據說，晚間的大會工作人員會議上，我的夾腳拖也成了檢討事項之一。

第一天就壯志未酬，我只好回歸報名時的隨行媒體身分，有時徒步，有時登上裝備車，繼續觀察、記錄，扮演好團隊中的千里眼。扼腕之餘，我想著，下次，如果還有下次比賽，可不能再土法煉鋼了。

人類耐力的終極考驗

撒哈拉超馬沿途盡是沙石地形，包括崎嶇的高原與乾涸的湖床、河床，以及巨大的沙丘。選手們白天在攝氏五十度的高溫下背著個人裝備跑步，晚上又要在十幾度的低溫中休息。

我們報名的這項賽事，正式名稱是四大荒漠賽（4 Deserts）中的埃及撒哈拉站，賽道繞行撒哈拉沙漠的東北一角；系列賽的其他三站則是中國的戈壁、南美的阿塔卡馬，以及「最後荒漠」南極洲。這項賽事被譽為人類耐力的終極考驗，贏得四大滿貫者，極地之王實至名歸。埃及撒哈拉站七天六夜的賽程中，參賽者平均每天徒步四十公里，而第五天至第六天，則是八十公里的non-stop連夜長征。無資格限制，但每位參賽者需繳交一張近期的心電圖和體檢報告，三千三百美元的報名費中，已列入萬一不幸身亡時遺體遣返的費用。

在極端的氣候與地形條件下，任何人光是走完全程就相當不容易了，更何況台灣選手們除了每人身上近十公斤的背包負重，還得輪流扛著十七公斤重（即使輕量化、拿掉旗幟等配件後仍有十公斤）的三太子神偶前進。年輕的九天團員們，雖然在半年前就開始進行模擬實戰的移地訓練，但是滾燙的撒哈拉豈是這麼容易征服？體力耗盡，還要承受腳上無數的水泡煉獄，才走了兩天就只能一拐一拐地前行。

撐不住的瞬間會不斷出現，但也會不斷被拋至腦後。長跑選手的心智超乎想像，身體也許一時沒跟上，但意志力還在，只要沒有倒下去，就可能慢慢找回呼吸與步伐的節拍。

枯燥成就了最純粹的風景

撒哈拉沙漠地形相對平坦，但仍有高低起伏的山丘和谷地等變化。風是沙漠的造型快手，一眨眼就可以吹光一道沙脊，露出藏身其下的一座風蝕岩，也可能狂飆一陣，就堆好一座金字塔型的高大沙丘。即使沙丘下平靜無風，沙丘頂點卻持續吹散出縷縷沙霧。明明清楚看見前方有位選手正翻越沙丘鞍部，等到自己爬上同一定點，卻已是一小時之後。

一旦走入沙漠深處，連續好幾個小時、甚至好幾天都是同一幅場景。生命跡象趨近於零，沒有仙人掌也沒有飛鳥，只偶爾能看見幾隻金龜子徐徐爬行，據說牠是埃及的聖物，也是幸運的象徵。有幾次，遠遠看見一個物體半掩在沙裡、半露在沙外，走近一看，都是風乾的駱駝屍體，沒有例外。

有些路段，沙地均勻綴滿了漂亮的化石，它們就像歐洲或美國那些巧克力工廠的精巧成品一般，每一顆的形狀顏色都不同，琳琅滿目到無從撿拾。

而最能代表極地超馬的風景，則非腳印莫屬。大多時間裡，選手都是看著前人的腳印，悶著頭疾行；沙地的質感處處不同，有些踏上去還算扎實，有些卻像新雪一樣鬆軟。鬆軟的沙摸起來舒服但走起來耗力，更別說跑了。識途老馬會沿著壓痕較淺的鞋印，尋找較為踏實的路徑，遇到太軟的沙就「換線」。

各家廠商的鞋底設計爭奇鬥豔、精銳盡出，彷彿檯面下的另一場競技。經驗豐富的選手能從鞋印一眼辨認出跑鞋品牌和型號，我則特別享受鞋印圖案表現出的設計感，以及雙腳一左一右在沙上「車」出的一道道流線。有時，鞋印之外還會伴隨著一對深刺的小洞，那是手杖的印痕。台灣隊通常走在比賽行伍的後段，於是我得以欣賞最多的足跡風景。

空無一物、邊緣微微泛黃的藍天、沙丘上風的流線、綿延的腳印……放眼望去，僅有的視覺圖案全是連續且重複的，而聽覺上也一樣。我的海灘褲兩隻褲管磨擦發出的窸窣聲，也成了一種奇特的環境音。

單調、枯燥成就了純粹。投入這樣一場無比單純的賽事，我覺得就好比吃素一樣，當你吃下的東西都很簡單、清淡，便從中獲得了休息。

落後的選手可以跟隨前人腳印，領先的選手則需要看前導車的輪胎痕、以及工作人員事先插上的粉紅色小旗來認路。當天色漸暗，影子拖得瘦長，每一枝小旗旁都多了一枝已扨亮的螢光棒，為還在奮力鏖戰的選手照明路跡；遠遠望去，好似海上的點點漁火。

由於選手之間實力懸殊，有人才過中午就已跑抵終點，有人晚上六、七點才勉強走完。大會貼心地安排了兩隻駱駝為選手們押隊。單峰駱駝在撒哈拉已經生活了數千年，直到今天，這群沙漠之舟仍是比越野吉普車更實用的主要交通工具。暮色中，牠們高大瘦削的身影宛如精神堡壘，為剩下的路途平添不少安全感。

在營地吃喝拉撒

四大極地超馬賽是由美國耐力賽好手瑪麗．蓋丹絲於二〇〇二年於香港創立，賽史不算長，口碑卻是一流。主辦單位的專業也常表現在令人莞爾的幽默感上，例如他們會把休息區或終點站隱藏在某座巨石或高地的背面，當你望穿秋水、欲振乏力，正為棄甲與否而天人交戰時，轉過彎卻發現：到了。

每一天，三太子跨過終點線後，九天團員會讓祂面向來時路安坐著，用大咧咧的笑容迎接後到的選手。我和三太子分在同一頂帳篷，第一晚，我挨在祂背後睡著了。

生平第一次睡在神明的身邊，我感到新鮮又興奮。不過因為帳篷空間實在太擁擠，而且臭氣沖天，第二天之後，太子爺就被搬到帳篷門口乘涼了。

帳篷裡，總教練林義傑一派輕鬆地示範如何用細針穿透水泡兩端，接著輕輕擠出組織液，再用小鐵匙刮去沾了沙的髒肉、點上碘酒，最後包紮。往後的每一天，刺破趾甲裡的水泡和水泡裡又冒出的小水泡，就成了整團人的晚課。只有穿夾腳拖的我全身而退，一顆都沒中！

人在沙漠，用水是件大事，妙的是，水雖然珍貴，你也貪心不了。上路時，如果多裝一瓶水，你就得多背一瓶水的重量；回到營地，由於大會提供的水只限飲用，別說洗澡，就連洗臉、刷牙都成了額外的行為。一不小心把水倒翻了，不但得重新取水，杯子、毛巾也會沾滿拍不掉的沙。

人在沙漠裡，都會發展出一套自我打氣的方法。每天最讓我開心的事，就是領到大會發的補給品，只要把一包金黃色的維他命粉末，倒進大瓶礦泉水裡，就會變出酸酸甜甜的維大力。我每天都要喝兩瓶，過癮極了。

為了一天之中最豐盛的晚餐，大會在帳篷區中央的空地上放了木桌和鐵椅，並提供熱開水，讓大家排隊去盛裝。台灣隊向大會預訂了營養包，它是一種高科技乾燥食品，剪開袋口、注入熱水晃一晃，幾分鐘後就可以食用，據說一包要價七百元台幣。許多歐美國家的選手各自帶來不同的營養包，有墨西哥口味、南美口味等，但是這種食物無論怎麼看都像是給太空人吃的；亞洲隊伍的晚餐就精彩多了，大家交換著不同國籍的泡麵。我們這次遇上的韓國隊，在打點食物上特別優秀，連泡菜都準備了好多種。

吃飽飯，有些選手早早就休息了，但也有不少人會散步得好遠好遠；有的人爬到山頂上，有的人根本不知道上哪去了，我想，應該都是去大便了吧。大會在休息區設了三間可封閉的帳篷做為臨時廁所，白沙襯托著白帆布篷，相當漂亮，可是那個地方臭得要命。貪圖美景的我，通常會走得遠遠的、選一個視野最棒的位置，看著日落月升、繁星無數，與大自然融為一體。有時候找到一個很棒的點，卻發現地上已經有一坨「捷臀先蹲」的證據，那就再換個地方解放吧。我要分享的是：在沙漠裡大便，真是一種很舒暢、很享受、很爽的經驗。

一覽無遺的天地都是你的茅坑，這經驗一生能有幾回？

有記者朋友好奇地問我：「那時不會有種動物本能，想要順手埋掉自己的便便嗎？」我反問她：「埋給誰看？」事實上，每個人在沙漠如廁的過程中，都免不了反覆思考起這個頗有意思的問題，然後，才慢慢解放了文明人的修養——或者說，羞赧。

駱駝身後的祕密心事

難得有機會近距離觀察專業運動選手，他們的一舉一動對我來說都是好玩的畫面。曾經拿下四大極地超馬賽總冠軍的林義傑，是台灣隊陣中的明星。出發前，他才剛完成歷時五個月、總長一萬多公里的絲路長跑，才回台幾天，又飛來埃及，擔任台灣隊的總教頭。他坐在教練車上，好整以暇地拿出一本小說打發時間，我瞄了一眼，是當時電影正發燒的《那些年，我們一起追的女孩》。晚上在帳篷裡聊天，他又從背包裡掏出一瓶威士忌請大家小酌。我們其他人的背包都一樣無聊，裡頭裝的全是藥包、快速補給包、手電筒等救命用品，但是林義傑的背包卻像是快樂的神奇口袋，我真想走過去翻開來檢查他還有多少玩具。他一派輕鬆地說，長年在國外四處征戰早已是他的生活常態，反而回到台灣像是工作之餘的珍貴假期。

台灣隊不只有超馬英雄督軍，連贊助商老闆也親上火線參賽。福斯汽車的台灣區總裁黃齊力，年輕、清新得令人驚訝，雖然他不是專業選手，但一看就知道是個練家子，行頭也完全是pro級的。比較奇怪的是，每當起跑時，「齊哥」一定會比其他隊友提早一段路出發，天天如此。我好奇問起，他才略帶靦腆地解釋，原來他擔心一旦落後、脫隊，就容易喪失鬥志，所以督促自己無論如何要跑在隊友的前方，算是給自己加點壓力。

齊哥的另類路跑哲學令我心生好奇，回台灣後，我上網搜尋關於他的報導，發現他的人生本身就很戲劇化：他從會計師、稽核做到財務長，二〇〇八年金融海嘯重傷了車市，他臨危受命接掌福斯兵符，卻出人意表地逆向操作、加碼行銷，在質疑聲中帶領福斯業績翻倍，人稱「最敢花錢的財務長總裁」。他把自己的膽識和毅力，歸功於近年來養成的運動習慣，逢人便宣傳跑步、騎車的好處，連公司教育訓練都請來林義傑設計極限運動課程，他相信員工一定能從中獲益。

相較於齊哥把「夥伴在身後」當作續航的動力，另一位隊友堅定意志的方式更讓我驚訝。博上廣告的經理林晨峰，幾乎天天都落在押隊的駱駝後面，他總是一邊走一邊講著電話，或者打著簡訊，過了一天、兩天，仍然如此；可是，沙漠中的手機幾乎沒有收訊，他究竟在和誰說話呢？後來才知道，原來他是用手機的錄音功能錄下一封一封的遺書給家人。

我借聽了他出發時的第一封遺書，嚴謹地說明身分並交代後事，卻懇切傳達出一個丈夫的愛與責任。那麼多天裡，他還錄了什麼，我沒有問，但是他走在駱駝身後對著手機喃喃自語的畫面，成了日後我最常懷念的沙漠風景。撒哈拉險惡的環境和絕望的氣息，讓人不得不直視死神的迫近，然而，這正是它最迷人之處。無論旅行或者面對死亡，都是人生中重要的一課，而沙漠為我們打開了那一課。

至於大力邀我來沙漠走闖的小賴，卻老是窩在裝備車上，被我死拉活拖著才下車徒步了一段。他在沙漠裡最常做的事情，除了努力拍去身上的沙（卻怎麼也拍不完），就是把手機舉得高高地，四處搜尋微弱的訊號。我常常有一種他正在和外星人聯繫的錯覺。不過，執著地舉著手機也是會舉出心得的，小賴研究出一個結論：手機在水平放置的時候收訊最好，不論哪個廠牌都一樣。

我知道小賴工作忙，加上女兒才剛呱呱墜地不久，他有很多事情要牽腸掛肚，但我真的好想對他說，你都來到非洲、埃及、撒哈拉沙漠了，怎麼就不能稍微「放下」一會兒呢？

掃不完的黃沙一條街

塞翁失馬，焉知非福，雖然我無緣像選手們一樣完賽，卻因此賺到不少額外的經歷。既然來到撒哈拉，逮到機會當然要多多走闖，我們和裝備車司機打好商量，請他載我們到有人煙的地方採買些乾糧，順便把三太子和台灣隊的最新戰況更新到網站上。

開了很久，終於抵達一個不知名的小鎮，說是小鎮，其實就是一條街，街上只有黃土和兩排破舊的平房——說破舊也許不適當，它們只是全都撲了一層沙，而且為了方便日後進行加蓋工程，許多房子的模板都沒有拆除，乍看像是沒完工。街頭有幾位包著頭巾的婦女正在掃地，掃來掃去仍是一堆沙，令人不解其中的意義何在。

這個小鎮顯然受過觀光客的「薰陶」，車子剛停，我才拿出相機，街上所有的小孩就圍了上來；不只兒童，連大人也一直盯著我們瞧，好像我們的遠東長相很不尋常。尤其是留著一圈鬍子的小賴，被指指點點笑個不停，似乎被當作一個怪咖。當時我們沒搞懂他們笑什麼，後來回到開羅遇見一位阿拉伯女導遊，才終於解開了謎團。她告訴我們，從古到今，除了服喪期間，埃及的男人是很少留鬍鬚的，偶爾在電視上出現幾個大鬍子男士，多半都是宗教家或者異議份子。

鎮上真的有一家網咖，裡頭擺著四台舊款的桌上型電腦，看來這就是我們的新聞發布站了。網咖主人的小女兒眨著大大的眼睛，十分可愛，不過這裡的連線速度卻不可愛，好像比台灣當年撥接上網還慢，一篇短短的新聞稿居然上傳了四個小時，好不容易接近完成，結果還是斷了線。

網咖的隔壁是一家商店，看起來有許多東西賣光很久了，許多東西又像是十幾年都沒賣出去過。木櫃裡孤伶伶掛著的一條金項鍊吸引了我的注意，鏤空雕花的水滴形墜子，頗有中東華麗而神祕的情調，想來應該是這兒的女性結婚用的飾物。我請同行的司機講價，最後以大約一千六百元台幣成交，我想，舒華收到這個禮物應該會喜歡吧。

街上有幾個賣烤魚的攤子，但是逛了一圈，最多的竟然是賣瓷磚、馬桶等衛浴設備的店，出現的頻率就像台北的便利商店一樣，或許抽水馬桶是此地時興的生活用品吧？小鎮上最豪華的餐廳，從外頭看，雖然有大片的玻璃門窗，但玻璃好像擦不乾淨般地糊了一層灰，八成從開張的那一天起就是這模樣了；屋裡倒還乾淨、從地板到天花都貼滿深色瓷磚。我們進了餐廳坐下，等了許久，終於吃到埃及最有名的料理——鴿子飯。烤鴿子不稀奇，比較另類的是，這裡的鴿子，都是住在一座座泥磚砌成的尖塔形鴿舍中。

深藍色的大確幸

大約是賽事的第三天，抵達終點前，遠方出現了一片讓人目不轉睛的景觀，那是貨真價實的一片蔚藍海水。雖然我們並不是饑渴迷途的旅人，但在沙漠裡看見水、看見綠洲，全身每個細胞還是會本能地興奮不已。我早早就坐裝備車到達了休息區，馬上呼朋引伴去．探究竟。那「海」看似不遠，但也走了一個小時才到，原來它是座內陸湖，遠看湖水是深藍色的，近看則帶點褐色，岸邊有個小漁村，黑色沙灘上布滿了蛤蜊殼。

我們在湖邊遇上幾位穿軍服的阿兵哥，雖然語言不通，但你一句、我一句地互相模仿語調著亂講一通，馬上就打成了一片。有人提議比賽跑步，阿兵哥們體能好，又比我們擅長在沙地上移動，輕輕鬆鬆就贏過了我們。跑夠了，我們也沒忘記遠道而來的重點，脫下上衣，跳進湖裡游泳。

湖水非常鹹，據說浮力比一般海水更大，不過我沒感覺出有多大差別。上岸後還捨不得走，眾人就在漁民搭的布棚底下休息乘涼。才剛跋涉回營地，就聽說其他隊友也想去湖邊看看，於是興致不減的我，又花了一個小時走到湖畔，當然，又下水游了一回合。

為陌生人跳一支舞

大會為參賽人數較多的隊伍，編配有補給用的吉普車，駕駛們個個身材頎長，穿著長袍、綁著頭巾，他們是中東世界的游牧民族貝都因人。相傳貝都因是最純種的阿拉伯民族，他們逐水草而居，領域從阿拉伯半島漸漸擴展至西亞、北非；來到撒哈拉沙漠生活，也有千年以上的歷史了。

貝都因司機給我的第一個震撼是他們優秀的方向感。在沙漠裡移動，猶如航行在茫茫大海上，一般人非常容易迷失方向，但是這些以沙漠為家的貝都因人，卻像是腦子裡有一張地圖和一塊指北針一樣，掌握方向盤的手從不迷航。早上，他們負責載送人員物資，中午到了營地，綁木樁、搭帳篷的也是他們。從熟練的身手可以想見，他們協助這類特殊團隊的經驗相當豐富。

我們這輛車的駕駛相當愛耍寶，他老是故意開車衝上鬆軟的沙丘，像是測試自己駕駛技術的極限，好幾次車輪都陷在沙裡動彈不得，剛開始我還想幫幫他，後來索性就下車等他自己把車撬出沙坑。他還有另一件事要忙：當我們行經那些欲振乏力的選手身旁，他老是隨興一停就跳下去，走到賽道旁邊，開始用力鼓起掌來，為選手們打氣加油。他的掌聲不是一般的拍拍手而已，而是非常厚實、有肉、節奏分明、啪啪作響的。配合著節拍，他還擺動著身體一個人跳起舞來，等到選手都走遠了，他才跳上車繼續往前開。

他的舉動給了我不小的衝擊。我問自己：我有沒有他那麼熱情？也許我的本性沒有，但是，我可不可以練習呢？

第一天那段走到吐的踽踽獨行，雖然未竟全功，卻讓我懂得了一個掌聲、一句鼓舞的話可以是多麼大的能量。後來，不管我是坐在車上，或者徒步走一段，只要遇上體力落後的選手，我都會毫不遲疑地為他們大聲加油。我發現，這是一種訓練自己為別人付出的好練習。儘管大聲地拍手吧、用力地跳舞吧，雖然車子開走了，可是受到你激勵的人，已經獲得了滿滿支撐下去的力氣。

那是一種非常棒的感覺，整個沙漠充滿了鼓勵。韓國隊的志工們經常刻意停留在某個高點，一邊耐心等待著他們的隊員經過，一邊為所有路過的選手助威打氣。每當遇上他們，我也會大聲回喊：「加油！Fighting！」

為別人加油鼓掌，不必害羞，這就是我在撒哈拉學到的最重要一課。我很清楚，在往後的日子裡，我會變成一個比其他台灣人熱情很多的人。雖然我的熱情還是帶有害羞的成分，雖然我還沒有辦法像貝都因司機一樣扭腰擺臀、手舞足蹈，但是，再給我兩次機會吧，再兩次我一定跳給你看！

這幾年，我經常開車載著全家去北海岸和東北角玩，自從去撒哈拉走過一遭，後來每當在濱海公路上遇見那些奮力前進的跑者或單車族，我總會搖下車窗，給他們一個大拇指和一聲「加油」，很用力，也很故意。但我的孩子們似乎覺得，爸爸怎麼變得這麼奇怪？好像有一點丟臉耶。

沒關係，我給了機會教育，他們得花時間體會。以前，我的個性可能也像我的孩子們一樣羞澀而保留，但是現在我的想法變了：我也是一個還在學習的小孩，既然我學到了，為什麼當我遇見另一個小孩，卻要把我的學習收起來？

每一個人，只要願意走出去參與各種事務，就容易得到學習的機會。也許有一天，我的小孩也去到沙漠，那時，他們將會理解，鼓舞別人就是要這麼大聲、這麼用力，對方才會感受到。當你為陌生人跳一支舞，他會覺得格外受用。

貝都因司機的肚皮舞晚會

和老婆一起整理撒哈拉相片的時候，我特別能感覺，貝都因男人們真的都很帥，高而瘦、鼻骨長、眼神深邃，而且擁有一副熱情瀟灑的本性，比我們這些現代化文明人奔放許多。記得比賽第一天早晨，當我們站在起點前，貝都因司機們準備了一段表演來迎接各國選手，他們之中有人搖著皮製的鈴鼓，有人拍著大型的手鼓，有人吹著細長的直笛，有人彈著形似三弦琴的屋德琴，吟唱著顯然沒有受到西方音樂影響的曲調。我一向喜歡傳統民族音樂，雖然聽不懂他們吟唱的詞句，但音樂的感染力並未打折。而我特別欣賞這場無預期的表演中那種純粹的質感。後來我發現，這場出征前的傳統音樂洗禮居然是天天都有！

每天下午五點半，天還亮著，司機們便聚在一起準時吃晚餐。他們打開吉普車的行李箱，先鋪好一席色彩斑斕的大地毯，然後煮一壺加了超多砂糖的紅茶，配上硬麵包和肉罐頭，這就是游牧民族的日常正餐。相較於我們那提供不了飽足感的高科技食品，他們吃的才算是真正的食物嘛！我腦中浮現二十多年前當兵的歲月，某次行軍中途，我瞥見路邊有一小袋蘋果麵包掉在地上，努力忍著衝動才沒跑過去撿起來咬；偶爾在營房裡的飲水機上發現前人遺落的泡麵碎屑，心中一陣狂喜，彷彿泡麵就是山珍海味。注視著貝都因人的晚餐，那些打包已久的回憶一古腦湧上心頭；我發誓，回到台灣之後，一定要大吃一頓硬麵包夾鮪魚罐頭，還要配上好甜好甜的紅茶！

比賽第二天，晚飯過後，營地漸漸寂靜下來，遠處卻傳來了隱隱約約的鼓聲，看來貝都因司機們正在舉辦營火晚會。我本來就是熱愛參加音樂活動的人，來到撒哈拉，居然也能遇上音樂派對，為何不參加？於是我揪小賴帶上錄音器材和我一起去打探究竟。小賴有點猶豫，他說：「蕭大哥，這樣好嗎？」欸，有什麼不好的呢？不是說貝都因人出了名地好客嗎？

循著歌聲和火光走去，果然望見司機帥哥們聚在車子旁，有人吹笛、有人奏琴、有人吟哦，像是早上迎賓表演的黑夜加強版，但讓我看傻的是，中間有好幾個帥哥在跳舞，而且看起來是肚皮舞！雖然並沒有真的露出肚子，但是姿勢、動作和我們平常看女舞者跳的中東肚皮舞是一模一樣的；跳舞的男人把自己的頭巾解下來束在腰上，感覺上是蓄意讓腰部變成主題，想要強調它的美感。他們就地取材變換著隊形，突然間，三個人手扶著吉普車扭腰；突然間，兩個人伸手互撐著對方的肩膀扭腰；突然間，把竹竿扛在肩上扭腰；或是，也不知怎麼說好的，突然間大家一起打起拍子扭腰。貝都因樂曲的音階變化不大，但節奏明快多變，吟唱者的歌聲透著滄桑的調子，轉音繚繞不絕。他們輪流跳舞、接力打鼓，這場不插電的歌舞秀持續進行了至少兩小時。

也許選手們大都累得只想休息了吧，除了我和小賴，只有四、五個西方面孔被好奇心驅使而來同歡，有一位大會的女性工作人員跟著司機們一起扭腰，玩得心花怒放。說真的，這個場合挺適合女生來欣賞，一群沙漠男人跳的肚皮舞，意外地養眼。我納悶著，當他們回到部落中，是否男人女人都跳著這樣的舞步？還是因為女孩子沒來，所以男生們上陣扭腰？無論如何，至少很明顯地，他們每個人對於這整套活動都非常熟練，這一定是他們游牧生活的日常娛樂；而且我發現，扭腰的美感其實是不分男女的。之後連續三個晚上，樂聲一起，我們就速速至營火晚會報到了。

我們能合唱一首什麼歌？

比賽最後一天的最後一段路，台灣隊所有成員決定手牽著手，和三太子並肩通過終點線。團長說，那我們一起唱首代表我們的歌吧！大家互相張望了好久，卻連一首可以大合唱的歌都想不到。有人曾經彈著吉他唱〈出塞曲〉，有人曾在KTV唱過〈忘情水〉，我曾在原住民部落裡學過〈老人飲酒歌〉，可是，一時間就是找不出共同的記憶。最後，終於有人想起一首歌，大家可以一起唱——國旗歌。也好啦，至少這首大家真的都會唱！

看著在終點後方載歌載舞迎接我們的貝都因人，我好感慨，原來台灣是個沒辦法所有人一起歌舞的地方？

這個感慨，讓我後來發明了一個小遊戲。這一年來，每個星期一，我都會到台中的亞洲大學授課，面對一群新生代，我認為我不能只是講講美術而已，還有很多想法我應該和他們分享。有一天，我對學生說：「上課不只可以滑手機和吃東西，也可以大家合唱一首歌啊！找一首歌，我們一起唱吧。」都是大學生了，還是害羞得不得了，一群人支支吾吾地唱不出一首歌來。我說：「你們平常不是都很愛去KTV嗎？」學生說：「是呀，可是KTV都有字幕和伴奏耶。」我不死心，堅持要他們在下課前唱出一首歌，結果那天，上午、下午兩個班的學生都選了生日快樂歌。

我回想撒哈拉牧民的歌舞，它之所以深深吸引著我，不只是因為養眼又動聽而已。在埃及，許多貝都因人至今沒有戶籍和身分證，但是他們保有能歌善舞、瀟脫自在的特質。我一直相信，對全世界每一個民族來說，唱歌跳舞都是基本的能力，也是文化傳承的開端。可是，在某個狀態下，這種能力原來也會消失！我很遺憾，台灣人的唱歌能力只剩下麥克風加伴唱帶，而舞蹈能力則是完全不見了——我說的不是科班表演或pub裡的耳鬢廝磨，而是像峇里島街頭的孩子，可以隨時演出一曲巴龍舞，或是阿拉伯世界的貝都因人，可以即興來一段肚皮舞，那樣源自傳統的自然律動。

從事唱片設計的這些年來，我不時會收到這類的文案：「一起唱歌吧！」或是「唱自己的歌吧！」這似乎顯示了一種想在音樂中找回失落傳統的渴望；可是，如今看來，這一切的大聲疾呼都淪為紙上談兵。我理想中的畫面，是我們每一個人站出來時，都能來一段歌仔戲，或是各自的父母、祖父母傳下來的歌舞；如果真有那麼一天，我們絕對可以大聲地說，台灣是一個有文化的地方。

在沙漠寫下穿越千年的愛

埃及撒哈拉極地賽事已經進行了七屆，根據大會的資料，完賽的選手中，平均百分之二十的是全程跑完的，百分之六十是半跑半走完的，剩下百分之二十是全程用走的。我觀察其他國家的選手，很多一看就知道不是職業運動員，而且夫妻檔或家人一起來走的不算少。有一對歐洲夫妻，每到一個休息點，就會互相為對方按摩腿部，彼此打氣；聽大會工作人員說，他們每年都會來舊地重遊一次。名次不是重點，能在愛的路上相互扶持，令人感動又羨慕。

比賽路線的設計兼具文化考量。第五天，我們行經名列聯合國世界遺產的鯨魚谷，在這座露天博物館中，目擊了四千萬年前的各種鯨類骨骸化石。因為是著名觀光景點，選手們在這裡終於遇見了比賽團隊以外的人類。我看見一個日本爸爸帶著妻小，坐在像《星際大戰首部曲》裡的沙堡中用餐，我開始想像他為什麼選擇來到這裡，肯定有個特別的理由。

老婆大人舒華雖然沒有同行，但是她捎來的簡訊天天陪著我。不過，男生女生十天沒見，情況變得不太對勁了；一來一往的簡訊，漸漸超越了小別的思念，變成賭氣、難聽的話。一個覺得，嫁給你也不愉快了；另一個覺得，我出來的時候，你也沒讓我開心啊，不在沙漠的人，學人家說什麼遺書？賭氣過了頭，我甚至開始想：這大漠天寬地闊，人生難道一定要眷戀一段感情？

本來說好裝一瓶最漂亮的沙回去送給她，比賽的最後一天，我幼稚地反悔，決定不送了，我把裝「沙漠維大力」的水瓶裝滿我自己喜歡的化石。三年前，我曾設計過一張吳音寧和929樂團的EP《相逢》，封面正是用一顆剖半的菊石來象徵穿越千年、源遠流長的緣分，如今親眼看著無數的海底化石出現在北非沙漠中，我不禁嘆息，這輩子的不解因緣，可能根本是在漢朝或是秦朝就注定好了吧？

或許人就是要易地而處，那些思念和牽掛才能看得更清楚。我們夫妻很少分離這麼多天，兩人的心情產生了微妙的差距。舒華一定是察覺到了，其實我在撒哈拉開心得很，當她在枕頭上無聊煩悶，我卻忙著看一群大男人扭腰擺臀！

沙子鬧彆扭換成了化石，不過，我覺得化石不輸沙；何況，撒哈拉的沙上早已留下我愛的證明。比賽第三天，我終於把小賴拉下車徒步，遇見一片特別平整細緻的沙地，他若有所思地拿棍子在淡金色的細沙上寫起字來。我把他的創意擴大來玩，用夾腳拖當成大毛筆，先揮毫寫下三個孩子的名字：蕭某某在沙漠；又寫下我和太太的名字，討好地用一顆大愛心包住，再配上有點噁心的私密留言。我知道這個舉動聽起來有夠通俗，可是，那片沙實在太漂亮了。我直覺地寫下心中的想念，多希望他們都在這裡，多希望下次全家一起來。

親情塗鴉才完成拍照，許團長說，今天是太子爺的生日喔。為了這個美好的巧合，我在細沙上又加了一顆小時候常畫的大壽桃，祝三太子生日快樂。

東方國族使命遇上西方個人主義

在鹹水湖邊脫去上衣的時候，我瞥見許團長背後有刺青，寫著「九天玄女」四個大字。看我好奇，他有點不好意思：「啊，那是年輕的時候刺的啦。」我知道許團長本職就是九天玄女廟的廟公，隨口亂問了句：「那你們有沒有幫人收驚啊？」許團長一本正經地回答：「有啊，你遇到什麼問題都可以來找我。」

看似一位酷酷痞痞的中年台客，許團長說起話來卻沉穩而有主張，我很想就近觀察他是怎麼降伏這班桀驁少年的，可是，他幾乎沒有在眾人面前發號施令過，倒是經常雙手交叉抱胸，遠遠地觀察著團員們的狀態。

我曾看到一個男孩扛著三太子，走一步拐一下，身軀因神偶的重量前傾，愈走愈慢，眼看就快要撐不住了，卻始終沒有人去和他換手。我覺得心疼，忍不住說話了：「難道不能通融一下，讓其他人先幫他背一段嗎？」許團長說：「不行，得讓他走完。他是我兒子。」

晚上同寢，我和許團長有特別多時間相處，我們都是五十五年次，我年頭，他年尾，很快就稱兄道弟聊開了；兩人又同樣是三個青春期孩子的爸爸，有共識的話題特別多。不過，令我最有感觸的，還是許團長過人的使命感。

開賽時，其他國家的選手看見台灣隊扛著神偶出賽，有人覺得有趣，有人覺得瘋狂，可能也有人覺得我們譁眾取寵。許團長對外界的反應十分介意，生怕三太子被歧視或誤解。幸好，事實證明完全不需要擔心，運動精神會戰勝偏見；當三太子風塵僕僕地抵達第一天的終點，走進休息區時，獲得的是不分國籍、滿滿的掌聲鼓勵。

不過，許團長還有更大的煩惱。睡前在帳篷裡泡茶聊天，他向我發牢騷：「我們的專業選手一定要跑那麼快去爭名次嗎？這個計畫是以太子爺為主啊！」他認為所有來自台灣的參賽者，都應該有團結一致的共識，這一趟就是要榮耀三太子，陪著祂一起走，而不是追求個人成績。

說起來，這一行人在出發前，都各自進行了身體上的鍛鍊（除了小賴以外），但思想上並沒有經過整合，才會在開賽之初就產生了激烈的意見分歧。許團長一邊和選手溝通，一邊趕緊打電話回大肚山，請留守廟裡的人員向九天玄女請願，祈禱歧見能順利化解。說也奇妙，比賽才過半，幾位專業選手紛紛放棄了爭名次的想法，甘願與三太子並肩同行。許團長的開心溢於言表：「你說，是不是真的很靈？」

賽事進入倒數階段，我的海灘褲結滿了潔白的鹽晶，三太子戰袍上的繡線和流蘇也磨損脫落了一大半。考驗持續加劇，選手們陸續經歷脫水、失溫、熱衰竭、腳扭傷……掛彩成了家常便飯，向心力卻逐漸凝聚。當我們合唱國旗歌、邁向最終目標的一刻，貝都因司機們也在終點線前鋪好了豔紅的中東地毯相迎。雖然成績敬陪末座，但是台灣隊得到了最熱情的歡呼。大會還特別將一面完賽紀念牌掛在三太子的帽冠上，象徵祂也是選手之一。

頒獎晚宴上，播放著一週賽事的精華片段，台灣隊的鏡頭不多，三太子神偶更只現身在最後的牽手大合照中。攝影師捕捉的畫面，幾乎都是選手們汗水淋漓、克服逆境、呈現力與美的一刻，那是一種個人化的精彩。許團長覺得失落、不平，他說：「我們報名費也都有繳，怎麼就只出現兩次？真的這麼沒有人情味嗎？」我故作輕鬆地安慰他：「我們的信念是宣揚三太子，可是老外看的不是這個喔，他們可能不希望加入太多宗教色彩。你想，如果有人忽然扛著十字架、抬著耶穌來跑，你也會覺得哪裡怪怪的吧？」

其實，大家都很在意「自己」，但每個人、每個團體、每個國家總有不被理解的一面，從比賽過程就看得出來，東西方的價值觀有多麼不同。西方國家的選手們頂多在臂章上秀出國旗，但東方隊伍會刻意把偉大的愛國情操、團體意識帶進比賽中。不只我們台灣隊「搞修行」，日本隊每天出發前會由一位穿上黑色立領制服的隊員帶頭喊口令，全體宣誓效忠天皇，彷彿二次大戰的插旗歷史還沒有結束；而全球最熱中公益活動的韓國，由一支志工隊伍代表參賽，旨在完賽不在奪牌，因此總是和台灣隊輪流殿後。只是，這些用力表現的偉大信念、民族色彩，在賽事記錄中並不被強調。或許，以主辦單位的觀點，極地賽事崇尚的還是突破極限的運動精神，和自我挑戰的毅力吧。

才上飛機就想念沙漠

比賽結束後，還有兩天在開羅的餘興行程，一行人參觀了代表古文明的金字塔群、熱鬧的古城市集和代表伊斯蘭文化的巍峨清真寺等。我對這類觀光團行程興趣只是一般般，倒是一路上刻意傾聽團員們的對話，發現不少趣味。九天的孩子比較拘謹少言，專業選手就大刺刺得多。果然，剛登上回台北的飛機，就聽到有專業選手發出感嘆：「啊，好想回沙漠喔！」沒錯，我就是在等這句話，因為我也是這麼想！其實，我根本就認為，全隊的人都著了撒哈拉的迷。

雖然我不太了解運動員的心思，而一個幾乎全是大男生的團隊，也很少聽到有人吐露心情的細節，不過，看著大夥兒在最後的觀光行程中努力地採買紀念品，從金字塔前小販兜售的郵票、錢幣、駱駝圖案的包包，到自稱劉德華的阿拉伯商人推薦的香精，還有我大力鼓吹的水煙筒……全想一籮筐搬上飛機，就知道這群人對沙漠有多麼不捨了。

回台幾個月後，以九天事蹟改編拍攝的電影《陣頭》舉辦首映，許團長邀請撒哈拉夥伴們一起欣賞。三太子走在沙漠裡的身影成了片尾花絮，而我們這群人已經成了時常聯繫的好友。

我覺得這就好像一部電影的反轉結局，那個溫吞的、高舉著手機的、永遠擦不掉沙的、想洗澡想瘋了的小賴，末了竟然告訴我，他喜歡上沙漠了！「蕭大哥，我真的很感謝你去了，還拉我下車一起走。其實我之前掙扎了很久，後來是因為你決定參加，我才鼓足勇氣報名的。」小賴至少對我說了三次：「下次還有什麼好玩的，一定要找我！」我可以察覺到，他的人生正在轉變。有一次我打電話向他問路，他接了電話卻滔滔不絕地告訴我：「蕭大哥你知道嗎？我現在開始跑步了！我告訴你一個訣竅喔，醫生說，跑步的時候著力要在腳尖，不能用腳跟……」

小賴當然不是唯一的例子。我去亞洲大學授課，團員中的業餘好手高中老師建懿，堅持盡地主之誼，帶我去舊眷村旁的特色小館吃飯喝酒，臨別時還送我兩大袋花生糖，害羞地問：「蕭大哥，我五月要結婚，你能不能來參加？」

三不五時，這群朋友總要小聚一番，聊聊撒哈拉的苦與樂。不過，回憶固然美好，一直回憶下去也會疲乏，不如繼續拋出熱情，互相鼓動新的旅程。未來，許團長也許會帶著九天團隊挑戰下一片荒漠，而另一位夥伴永業汽車的協理斯紹華，也醞釀著前進中南美洲邦交國的計畫，正探詢這群沙漠好友的意願。我躍躍欲試，行程又要啟動了！

有生之年，何不出發一次？

總結來說，在我不多不少的旅遊紀錄裡，撒哈拉之行是和習慣經驗落差最大的一次。回想第一次走闖大蘋果紐約，看見地鐵、博物館或便利商店，其實和台北的差別只是景觀不同、語文不同，但都市的本質是相同的。撒哈拉不一樣，儘管你看過再多書籍或旅遊頻道的紀錄片，只要你沒有身歷其境接觸那乾、荒、熱，就無法得知它和你的預期有多麼不同。那種全然的單調，可能只有在大海中央垂釣的漁夫才能想像。

但是，為什麼「單一性」竟會如此令我懷念？我反省自己，是不是我的生活太複雜、壓力太大，在文明世界裡打滾太久，所以必須轉換到空無一物的異地才能享受舒坦？

人生於世，所處環境幾乎是被決定的，我們只是學著適應。在忙碌都市中相遇的人，愈來愈少機會進入對方的世界，交換彼此的內心狀態，到頭來，連自己的心也看不清楚了。當都市的人來到沙漠，就像被丟到一個意想不到的原始世界中，沒有電腦、沒有配線，可是這遠離人文和科技的生存模式似乎非常適合生物的身體，於是我感受到了自由暢快。

不久前，女兒恬恬陪我看了舞台劇版的《最後十四堂星期二的課》，劇中有句話讓我會心一笑：「你和自己可以和平相處嗎？」我想起沙漠深處那種明心見性的感動，什麼都沒有，卻多得是和自己對話的時間；而離開沙漠之後，好多感想才正要開始釋放。三十多年前，三毛說過：「叫我寫沙漠，我可以寫一輩子，細細地寫，細細地回味，有我說不出的喜悅。」我相信，三十多年後，年輕的讀者拿起《撒哈拉的故事》，同樣會覺得精彩雋永。

我真的很想勸每一個人走進沙漠，去那裡看看自己的內心活動。有朋友堵我一句：「非洲太遠了啦！」我回他：「飛機又不是你開，你只負責登機，手上的票自然會帶你到天涯海角。」埃及撒哈拉極地超馬的報名費約十萬元台幣，報名沒有身分限制，你何不也在有生之年出發一次呢？

撒哈拉之行留給我的唯一殘念，是因此錯過了為胡德夫設計第二張專輯《大武山藍調》的機會。六年前胡大哥發行第一張專輯《匆匆》，我們合作愉快，當時就有再續前緣的默契，沒想到等到《大武山藍調》進入緊鑼密鼓的製作期，我卻因為愛玩而失了約。我可以感覺得到胡大哥的失望，我也為沒有做到這張專輯抱憾。但是，我真的好想去撒哈拉呀。

999
SAHARA RACE
2011
臺中市
九天民俗技團

人類最忠實的朋友。

上不得也下不去。

頭都洗下去了，只是愈洗愈沙。

總覺得會遇上四十大盜。

路上一直唱著當兵學的那首軍歌：「那路雖然遙遠漫長，我仍然往前衝，只因我是沙漠的駱駝。」

沙漠裡的浪漫時光是日出、日落、星光，和在方圓500公尺之外背對著大家解糞。

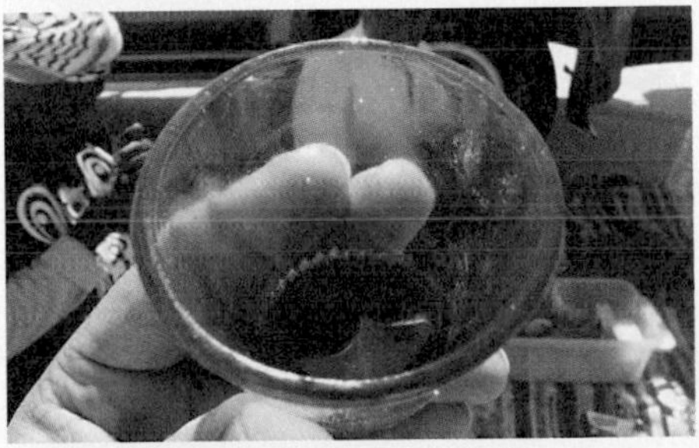

這輩子喝過最好喝的飲料是紅茶加糖。

打開魔毯就有神奇的午餐。

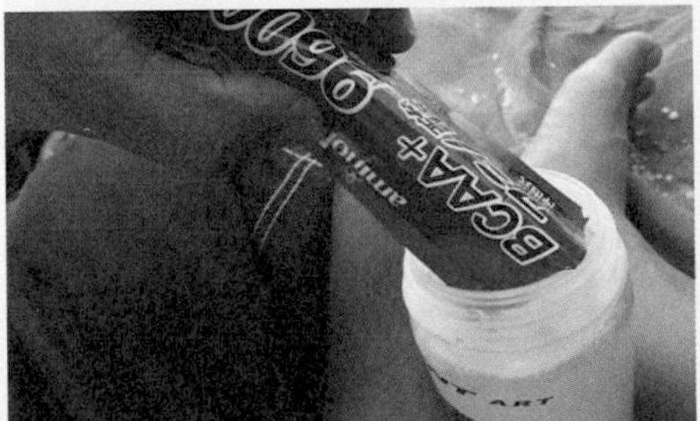

每天支撐我的精神食糧是維大力口味的粉包。

每一餐我都選肉桂口味的餐包。

四海一家。

到處都是沙，卻還是有人在掃地。

全世界的孩子都是兩點放學。

賣魚小販用船帆搭成棚架。

村裡最新潮的網咖，檔案傳了三小時，當機！

為什麼三太子要去沙漠？《西遊記》旅途上的歷險故事，當然比在西天取到經之後更精彩。

有一天我老了、走不動了，閉上眼睛，攝氏45度的熱力就會帶我回到撒哈拉。

齊哥說先上路才不會有壓力，義傑說像是走在他家的灶咖，小賴老師一直在跟外星人連絡。

在沙漠裡寫下遺書的晨峰。

許團長說我好命，趕上這趟他準備十年的旅程。

只有回到沙漠才能再見到的好朋友。

來撒哈拉的緣分，也許早在億萬年前已注定。

每晚都是看著月亮，在三太子身旁入睡。

我負責放黑眼豆豆的歌給三太子加油！

躲進三太子的身體裡看世界。

第一次對螢光棒有了感情。

決定買下村裡唯一的金項鏈，帶回台灣給愛人。

36小時non-stop，20分鐘後繼續向前。

有人想家了！

我在格拉茲酒莊享受不設限的微醺人生。

有誰想過，
為了人云亦云的「贏在起跑點」，為了揮之不去的「萬般皆下品，唯有讀書高」，
我們從教育到產業走偏了多遠？
學生付出了多少代價，社會又浪費了多少資源？

TAIDONG & AUSTRIA: Let's See Who Laughs Last, Laughs Best

台東&奧地利
贏在起跑點，輸在終點？

我在舊金山嬉皮街大得要命的阿米巴唱片行裡快樂地尋寶，沒有察覺時光的匆匆流逝，抬起頭才發現老婆和孩子都不見了。我跑向店門口，看見門外呆站著放空的他們，想必已經等我許久。從結婚到現在，舒華經常覺得忿忿不平，她不懂我怎能那麼有動力，每天沉醉在自己的快樂裡，而全家人只能陪著我到處轉，被我的興趣壓榨。

或許，因為我曾經是個夢遊的小孩。

惡夜恩賜的創造力

從國小二年級開始，有件事情深深困擾著我和我的父母，那就是：蕭青陽是個會夢遊的孩子。夢遊聽起來是個充滿想像空間的浪漫辭彙，然而，對當事人來說，那根本是個醫不好的病症。我總在睡夢中起身，光著腳穿越家中的麵包工廠，避開烤麵包的鐵架、繞過正中央的一口井，最後拍打著日式拉門，哭喊著：「放我出去！放我出去！」一直到父親過來一巴掌一巴掌地把我打醒，我才又躺回床上睡去。第二天，麵包師傅會告訴我：「阿陽，你好厲害耶，就算在夢遊，碰到水井還是會閃過去！」

每當黑夜來臨，我身上就長出另一個自己。夜間的過度用力讓白天的我渾渾噩噩，即使我卯足了勁背書，考試還是倒數第一。舉止恍惚之外，我經常陷入危險的境地而不能自拔，我會爬上家門口大水溝前的歌仔戲台，坐在高高的橫杆上，放開手默數著一、二、三、四、五……看看自己幾秒鐘之後會掉下去，然後有驚無險地重複再重複，彷彿我不得不玩這個遊戲。我媽說這是神經衰弱，買過好多瓶安腦丸給我吃，但情況並沒有好轉。就這樣，夢遊的失魂落魄陪著我直到童年的盡頭。

進入青春期之後，惱人的夢遊症狀漸漸遠離，夜裡我不再四處亂巡了，但仍然大量地做夢；白天黑夜兩個世界，夜晚的那一個抽象而無解，讓白天的我思索著各種虛無、不著邊際的問題。總算，我考進了必須不停畫畫的復興美工，找到了一個宣洩的出口，我把每晚壓在枕頭下的迷離夢境加上輪廓、找出配色，完成老師要求的作業；在臥虎藏龍的同學之中，我自覺不算有天分，但是我的投入超過其他人。畢業後成為設計師，夢中無法理解的種種訊息仍是我靈感的泉源，身邊有些朋友常說「蕭青陽的想法好怪」，只有我自己知道，那些奇奇怪怪的創意不是我在白天想出來的，而是昨天夜裡上帝——不，是惡魔留下來的。

好長一段日子，我的夢籠罩在晝夜交替時分晦澀的薄暮下，似暗又明，揮之不去。直到多年後，我為卑南族歌手巴奈設計《泥娃娃》專輯，終於用上了這個再熟悉不過的顏色。我常說那是一張聽了會得憂鬱症的專輯，但是完成之後，我卻發現自己好像吃下解藥一樣，夢境帶給我的，居然不再是困擾了。

回想過去，在還沒有成熟到擁有堅定的心智時，即使清醒著，我也常為夢境般的意識所惑。黑的好還是白的好？選左邊還是右邊？但我也開始領悟，這看似病症的天生缺陷，是老天爺賞賜給我的特殊練習。我選擇的唱片設計之路，是一個從聲音到畫面、從抽象到具象，把腦中的迴路轉換成美學的工作，這太符合我和夢遊世界共處的法則了。經由來來回回的鍛鍊，對於無法以理性解釋的美感，即使還達不到百分百命中，但我已掌握得日益精準。在課堂上，我能夠向學生說明為什麼黑的比白的好、為什麼左邊比右邊更有共鳴、為什麼潮流會如此發展。像醫生看病一樣，我用科學的方法分析美學，為那群像我一樣腦神經脆弱的學生提供課本裡找不到的答案。

從虛弱、抽象、無法產生見解到愈來愈確定，對我而言，當美術開始有了科學化的一面，我的人生也終於有了光明面，可以積極奮發了。

通往唱片行右下角的曲折長路

從小我就喜歡夜市的錄音帶攤子，上高職以後，更是經常流連在永和的幾家唱片行之間，一邊享受著被旋律和節奏包圍的感覺，一邊細細瀏覽架上所有唱片、卡帶的美麗封面，神遊到心嚮往之的國度。雖然每一家唱片行進貨的內容都差不多，但是陳列方式大不同，光是這樣的差別就能令我雀躍不已。星期天晚上八點，中視播出萬人空巷的港劇《楚留香》，但是我會逼著弟弟中途轉台到華視的《綜藝一百》，看一會兒張小燕播報的流行音樂排行榜。

即使如此為唱片著迷，我的唱片設計之路走得並不順遂。畢業展的成功，讓我獲選進入「知音」卡片公司當個菜鳥設計師，每天努力揣摩老闆要的甜美浪漫風格，卻沒有一件作品能成為商品；後來又到《明星》雜誌做過手工完稿年代的美編，日夜與剪刀、膠水、完稿紙搏鬥；我也曾在小人國和世貿展場短暫任職過，後來才應徵進了上格唱片做美工——那時還不叫設計師。整家公司只有老闆、宣傳、歌手高勝美和我四個人，我戰戰兢兢地做出了生平第一張唱片——高勝美的《聲聲慢》之後，老闆交代我好好顧著公司，他就當兵去了。沒多久，我也接到了兵單。

退伍後，我和朋友共組了工作室，也做過王菲、巫啟賢、張清芳的唱片，但生意青黃不接，香港「四大天王」壓境，我更是坐困愁城——坦白說，台灣唱片市場每五年一波的大流行對我都是打擊，二十年前的港星做不來，即使五年前的星光幫我還是做不來。我不甘心只是花大把時間把歌手的臉蛋、身材修得很帥很美，我想賦予每張唱片獨特的概念，結果，我創下了一整年只接到一張唱片的紀錄。成家之後責任更重，我除了接一些B版唱片、伴唱帶和商品型錄來餬口，還曾經改行去開自助餐館，結果落得慘澹收場。想起當年父親反對我考美工科，說我畢業後只能去畫電影看板，還不如跟著他做麵包；我的心中五味雜陳。

重新回到老本行，我開始接一些不那麼主流的唱片案。雖然我很開心能和台灣最酷、最有生命力的音樂人合作，也得到了施展拳腳的機會，但每次走進唱片行，發現我費盡心血設計的唱片被擺在整面CD牆的右下角，還得花點眼力才能找到，心裡難免不是滋味。

我二十八歲那年有件大事，阿美族的郭英男先生和太太合唱的〈老人飲酒歌〉出現在德國Enigma樂團的名曲〈Return to Innoence〉中，「原」味十足的吟唱撼動人心，讓這首歌一舉登上Billboard排行榜第四名，後來更獲選為亞特蘭大奧運的主題曲。我心中埋下了一個定見：原來台灣最本土的音樂也可以揚名國際！

人生說來奇妙，五年後，我見到了傳說中的郭英男阿公，還接下了他的母語專輯設計。七十九歲的老人熱情地告訴我，他在十六歲時就許下願望，要唱一輩子的歌；不為出名，也不為作秀賺錢，阿公說，唱歌是為了傳承阿美族祖先留下的每一句叮嚀。這話讓我的腦袋轟然一響，阿公為了單純的理想而歌唱一生，但我卻天天計較著作品是不是被放在好的位置、有沒有上排行榜，歌手夠不夠大牌……實在有夠「聳」啊！做完這張專輯，我拋掉了不少包袱，決定繼續用腦中奇怪的想法，和多年來磨出的技術，在通往唱片行右下角的曲折長路上慷慨前進。

設計是我人生的解藥

突然，三十九歲的某一天，我被太平洋那端的美國人照顧了。前一晚熬夜到天亮，我正倒在儲藏室裡睡覺，聽見助理接了電話後興奮地喊著：「什麼，入圍葛萊美？」半醒的我還懷疑，該不會是台中的葛萊美唱片行吧？那是MSN還盛行的時代，我打開電腦，眼前跳出一長串的祝賀，這才敢相信不是搞錯。哇，好神奇！那一整天，我在工作室跑進跑出，興奮到電梯也不會搭了，明明要上四樓，卻不知不覺到了十四樓，安全帽也一直戴在頭上忘了摘下。

不可諱言，入圍葛萊美獎一次，已足以讓我的世界豁然開展；我入行十八年，做完八百多張唱片之後，終於有客戶對我說：「你說了算！」但我更不敢相信的是，一個台客設計師，手上那些走出台灣便顯得艱澀難懂的設計，竟能獲得國際評審們一再的青睞。只是，當受到的肯定愈來愈多，肩上的期許也日益加重，我想做出更精緻、更理想的作品，然而我所身處的唱片業，正面臨著重大的改變，音樂下載市場漸漸超過了實體專輯的市場；唱片包裝是藝術收藏品，還是多餘的雞肋？曾有位業主在看過我做好的專輯樣本後嘆氣：「蕭先生，我只想要一台 Toyota，你卻給我一輛賓士，我要不起。」而讓我第四度入圍葛萊美獎的《故事島》，也是與唱片公司就成本問題周旋甚久、不惜搬出在萬華地下街卜卦的結果：「神明說這張專輯對台灣非常重要，一定要有毅力！」才屈服了對方，讓專輯在難產後問世。

我不確定唱片設計這行能做到哪一天，但我希望能一直做下去。一個為夢遊所苦的小孩，解開了腦中密碼，把本能變成了天職；從我在考卷背面畫觀世音那時起，我對創作的熱情，沒有一天消退過。愛迪生說，成功是一分天才加上九十九分的努力，他沒有說的是，那一分天才，往往還得從命中注定的缺憾中提煉出來。我的好友 Akibo 老師二十歲時失去了一隻眼睛的視力，我總是對他說，你看，就是因為你只能用一隻眼睛看世界，所以才有那麼厲害的創作！

你的身邊，也有努力解碼的孩子嗎？或者，你自己就是那個孩子？別放棄，總有一天你會知道，上帝是懂你的。

台東

搭上盧葦媽媽的賊車

入園葛萊美獎帶來的改變，首先就是社交範圍擴大了。我開始接到陌生人來電，希望我為他們的案子做設計，雖然我不可能接下所有的邀約，但有心人總是打了又打，讓我好奇著：誰會一再主動打電話給陌生人呢？這麼鍥而不捨，一定是有備而來吧？我應該要見面談一談的！

於是，我見識了五花八門的客戶。曾經有個很想出唱片的人，帶了十多捲自彈自唱的錄音帶來找我，希望我幫忙發送給相熟的唱片公司。我聽了帶子之後大吃一驚，他彈的是玩具鋼琴，唱歌也一路走音，外表明明是大人，內在卻像極了想變成明星的國中生。

不過，偶爾也會遇上另一種極端，電話那端的潛在客戶不但完全知道自己要什麼，還知道我這個設計師要什麼。盧葦媽媽就是這一型的代表人物。

故事的開始是千篇一律的。盧葦媽媽打電話來工作室，說自己是個鋼琴老師，住在台東縣成功鎮，打算為十六歲的女兒出版一張個人創作演奏專輯——不稀奇，這正是最標準求合作者的模式。

我對未曾謀面的人沒有感情，對自稱專輯製作人的盧葦媽媽也有懷疑，她反覆地提到別人說她的女兒是音樂天才，兩歲就能在鋼琴上彈出曲調，三歲看完阿美族豐年祭就做出了第一首曲子……但接著她又會「收回去」一點表示：沒有啦，這樣講不好意思。

通過兩次電話，也見過一面之後，盧葦媽媽正式展開了攻勢。某天，我應邀去花蓮東華大學演講，她和先生也來捧場，結束後一起吃午飯，他們提議：「你都到這裡了，要不要往南走一點，看看我們成功鎮？」有何不可？我一口就答應了。

沿台十一線南下，左手邊的太平洋波光粼粼，車用音響流洩出優美的旋律，豎琴、長笛、小提琴、大提琴……不意外，這是傳說中天才少女的創作。豎琴的音色溫暖透明，和午後的海岸線是絕配。記憶中，好多個驅車往東北角散心的下午，也是在台北愛樂電台播送的豎琴曲中度過。

我明顯地感覺出，這位母親認真研究過我，她知道我個性貪玩、好奇心重、愛交朋友，而且經常為了一件作品深入一個地方、體會一群人的生活，有了感動，然後才轉換成設計。這是我的習慣和專長。

老實說，唱片設計這一行，從頭到尾都在電腦前作業也行，我大可以拿著放大鏡，挑選唱片公司送來的照片就好，可是，那種方式就是讓我很「進不去」。所幸，隨著土地與音樂家之間的連結逐漸被重視，我也進入敢探險、愛挖寶的成熟年紀，二十年前初次啟動的「田野調查」取材模式，這幾年愈來愈得心應手了。

每回經過福隆，我一定要買便當，因為是吃下無數個福隆便當，和福隆鄉親熟得像家人，才做得出那麼多屆的海洋音樂祭選輯；是親身到福音歌手許德仁的岡山老家作客一晚，實際目睹他的坎坷人生，才會想到搬出他父親的舊鐵床拍封面；每回做陳建年的唱片之前，他總要邀我一起釣魚潛水，聊聊生活中的新發現；前兩天，我收到巴奈的簡訊：「新歌做好囉，要不要試聽？」我知道，又該殺去都蘭與部落朋友同樂了。

同樣地，盧葦媽媽為我安排這趟成功鎮小旅行，無非是希望我能和她的家鄉產生感情，進而接下專輯的設計。她很確定，我的工作方式，能讓一張唱片超越音樂選輯，而擁有更深遠的意義。我收到了她的心意，暗笑自己上了賊車。

用幽默感蓋出一座卡片教堂

我們的第一站是成功鎮北端的宜灣部落。盧葦媽媽神祕地說要帶我參觀一座世界上獨一無二的「卡片教堂」，聽說盧葦特別喜歡它，還為它譜了一首曲子。果然，瞥見宜灣長老教會的第一眼，我就忍不住大叫：「好可愛喔！」

我只知道台十一線上有幾座樸實而極具現代感的天主教堂，由瑞士籍傳義修士所設計，是台東海岸的瑰寶，沒想到這段路上，還有不少別致的小教堂。然而，這座隱身在山丘上的香蕉和檳榔樹之間、開車稍不留神就會錯過的卡片教堂，究竟獨一無二在哪裡呢？

盧葦媽媽說，宜灣長老教會原本是一間有二十多年歷史的傳統茅草屋，民國六十三年遭颱風吹毀後，部落居民決定自力改建，卻討論不出該蓋成什麼樣子。年輕的阿美族板模師傅賴明德，想起兒時從傳教士手中拿到一張國外寄來的耶誕卡，上頭有座美麗的歐式鄉村教堂，於是，他參考卡片上的圖樣，蓋出一座嶄新的禮拜堂。

走上斜坡，我發現這座教堂近看更有趣：高聳的尖塔、拱起的門檐、聖潔的天使浮雕、黃藍綠相間的玫瑰窗與柳葉窗、泡沫狀凹凸的白色牆面……該有的元素似乎都有了，而且帶著一種天真爛漫的童話風味。可是，有點不對勁，天使的五官怎麼像是一團麵糊？所有的構造都好扁平？我繞到側面一看，才發現剛才看到的「教堂」，只是一面如卡片般單薄的高牆，藏在高牆後方的，是一棟最最簡單的台式一樓平房，面積頂多十坪，屋頂還是鐵皮的！

原來，賴明德的耶誕卡上只有教堂正面的模樣，其他部分他壓根就不知該如何設計，再加上經費有限，於是蓋出了一棟「有面子沒裡子」、名副其實的卡片教堂。尖塔上的八角玫瑰窗，還是一位年輕主婦慷慨捐出家裡的炒菜鍋蓋改造成的。

時光匆匆，少婦如今已是七旬阿嬤，而教堂落成隔年在這裡完成終身大事的賴明德，去年也在此告別了凡世生涯。卡片教堂看似未完成的設計，安然撐過了無數風雨，屹立了三十八個年頭，雖然經歷幾次修繕，但立面的樣貌幾乎沒有改變。曾有人提議拆去不夠稱頭的鐵皮屋，重新蓋出一座氣派而「立體」的歐式教堂來，但是幾經討論，信徒們認為，上帝可能更喜歡它一本初衷、與眾不同的樣子。原住民的浪漫天性和幽默感，為家鄉留下一處經典的風景。

我承認，我這個人真的很好對付，有音樂、有風景，感覺就來了，感覺來了就開始動腦筋，愈想愈深。才停了第一站，根本還沒答應過盧葦媽媽什麼，我居然已經在構思那張唱片要怎麼做了！

修女身上的白蝴蝶

繼續向南，盧葦媽媽帶我來到聖十字架慈愛修女會，拜訪葛玉霞修女。與《海岸山脈的瑞士人》書中記錄的白冷會神父們來台背景相似，從一九五五年起，數十位年輕的瑞士籍修女遠渡重洋來到台灣，落腳醫療與教育資源貧乏的台東，一待就是一輩子。

盧葦四歲的時候，有天夜裡忽然頭痛欲裂、哭喊不止，父母焦急著帶她就醫，但小鎮上的診所都沒人應門，幸好，濱海的天主教診療所裡，住著幾位全年無休的修女，她們白天忙於照顧病患，夜晚也不介意被敲門聲驚醒。

盧葦媽媽回憶，說也奇怪，見到葛玉霞和布素曼兩位修女之後，盧葦的情緒也平靜了下來，乖乖地躺在病床上。修女們細心為她檢查，判定是中耳炎，開了藥。

小小的盧葦長大了，她始終記得診療所裡微弱的燈下，慈祥的修女奶奶們穿梭奔走的白色身影，「好像救命的光。」修女們對她也特別關心，當盧葦媽媽煩惱青春期的女兒沒長高時，葛修女說：「機能比較重要！」受到修女的激勵，盧葦也自信地說：「我是人小志氣高！」

布修女和葛修女早已過了退休年齡，理當回瑞士老家頤養天年，卻選擇留在台灣繼續服務；在盧葦的心中，衣裾飄飄的她們是美麗的化身，於是她寫下了〈白蝴蝶〉這首曲子獻給修女們。遺憾的是，布修女來不及看到盧葦的專輯出版，已於二〇一〇年在台東過世，享年七十六歲。

人數最多的時期，聖十字架會有三十五位瑞士籍修女派駐台東，而今碩果僅存七位。

台東最老的飆車族

來到聖十字架修會所屬的新港天主教診療所，一身白衣裙、白頭巾的葛修女熱情地迎接我們。比布修女還要年長一歲的她，在台東度過了半世紀的人生，是成功鎮的移動地標。每天早上，她協助醫師診療，中午過後，公路上常見她騎著偉士牌趕場的醒目身影，只要哪裡有人需要居家護理，從換藥、翻身、按摩到陪病人聊天，白蝴蝶風雨無阻，從不喊累。葛修女的右手曾因騎車摔傷，傷癒後只能舉到與肩同高，但她依然不改其志，兩輪奔走於縱谷與海岸各部落之間，阿美族的朋友都戲稱她是「台東最老的飆車族」。

昔日擔起重要醫療任務的診療所，如今病患漸少，但仍然收拾得整潔素雅，院子裡的老樹下，狗兒們安閒地補眠。葛修女帶我裡外參觀了一遍，我看見她的房裡掛了一張很大的瑞士風景海報，忽然想起了卡通版《真善美》的女主角。剛畢業的瑪莉亞登上阿爾卑斯山，看著旭日初升，心中澎湃不已，「我到底能做什麼呢？要做什麼才好呢？」那一刻，她決定為上帝奉獻一生。然而，活潑搞怪的瑪莉亞，終究因為塵緣未了而卸下了神職。我心想，假如當年葛修女從護校畢業後，沒有追隨她的阿姨走上傳道之路，現在會不會也是某人的祖母或曾祖母，在阿爾卑斯山下含飴弄孫、安享晚年呢？

走上旋轉梯，來到屋頂露台，蔚藍的太平洋舒人心胸，葛修女說，她很幸福，每天都能看見世上最美麗的風景。我忍不住問了她一個不知多少人問過的笨問題：「您不會想家嗎？」她看著我哈哈一笑：「這裡就是我的家啊！」

每個孩子都是小宇宙

拜盧葦媽媽總是教完一輪功課才放我下車之賜，我很快就熟悉了成功。這是一個街上有兩家冰店互相較勁的小鎮，也是一個四平八穩、匯聚多種語言的歷史聚落；這是一個環島騎士騎得太快就會錯過的小鎮，但也是東海岸最大的漁港。盧葦爸爸是理化老師，盧葦媽媽是鋼琴老師，他們算是當地的文化人吧，那種期盼家鄉之美被世人所知的懇切心情溢於言表；聽他們說著成功的風土人情，我簡直想責怪自己為何不是觀光局長。

他們的家充滿音樂氣息，一整櫃的古典樂CD，幾乎全是進口原版，而且收藏得相當齊全，清晰地投射出女主人的愛好。至於小天才盧葦，國中畢業後，就遠赴奧地利就讀音樂學院了，所以並不在家。也許是身為母親的驕傲使然，又或者是為了取信於我，盧葦媽媽洋洋灑灑地向我列舉女兒的驚人事蹟，然而，盧葦究竟是不是橫空出世的奇才，老實說，我沒有那麼在意。

我一直相信，每個孩子都是一個小宇宙，都具備某方面的天賦，差別在於身邊是否有人用心找到開啟他們的鑰匙；生了三個兒女之後，我更確信這個想法。當年我們全家還住在工作室時，棠棠也做過好多首曲子，他和恬恬經常打好地鋪，一個人彈吉他，一個人打手鼓，合唱剛出爐的新歌。「燙水！熱水！冰水！」旋律五花八門，歌詞異想天開。我邊聽邊想，要不是我缺乏音樂造詣，說不定我也可以引導他們寫出一首搖滾名曲，甚至交響樂呢。

我正式允諾了盧葦媽媽的設計邀請，但我也誠實地告訴她：「我對妳的女兒沒那麼有興趣，我對妳這個媽媽還比較好奇！」因為我知道，一個天才兒童，背後幾乎都有一兩位苦心孤詣的父母親。

成功遠不遠？

盧葦用溫馨的旋律譜寫家鄉的人事物，十首曲子就是十個在地小故事。第二天，我和助理柚子決定嘗試一日公車之旅，我們先拜訪了〈小豐田村〉中花海繽紛的場景，這個位在海岸山脈東麓的部落，有個可愛的舊稱「八翁翁」，意思是「飯燒焦」，據說是因為昔日部落青年在舊東河橋煮飯，煮過頭「臭火乾」而得名。接著，我們轉往盧葦琴弦下柔美而感傷的比西里岸。比西里岸其實就是遠近馳名的三仙台，阿美族語中意指「養羊的地方」，早年部落居民利用潮水的漲落放牧羊群，如今只剩人行步道，一隻羊也沒有。在三仙台風景區的入口，柚子的帽子被風吹走了，撿帽子的時候，說多巧有多巧地遇上了兩個來台東玩的老同學，於是她毫不遲疑地對我說了掰掰。

風光旖旎的三仙台遊客不少，還有原住民穿上和服歌舞著「Sakura、sakura……」娛樂團體客，但是和我一樣走完八拱橋、來到第二座外島的人卻不多。已是步道盡頭，我卻找不到說好來此會合的柚子，只好一個人踩著潮間帶的礁石，拍拍海蝕洞自娛。繞著饅頭山向上爬，視野愈來愈開闊，還意外找到了通往燈塔的路。獨享著碧波千頃、海天一色，我想證明自己來過，於是舉起手機三百六十度自轉自拍，效果意外地好。

完成了三仙台之旅，在礫石灘上找到靜靜看海的柚子，天色不早了，我們走回台十一線去等公車。站牌旁的小雜貨店前，老闆娘正把嚼碎的檳榔一口一口放進坐輪椅的老母親嘴裡。她對我們說：「四十分鐘一班車，再等一下就來了。」可是，我們等了一個多小時，路邊的幾隻狗都變成了朋友，還是沒看到半輛公車。

部落的小朋友紛紛下課了，他們或走路、或騎車，來雜貨店幫爸媽買柴米油鹽。閒著也是閒著，我和他們瞎攪和起來。有一對騎單車的小兄弟，各舔著一枝誘人的布丁雪糕，我念頭一轉，上前搭訕：「小朋友，成功遠不遠啊？」弟弟說「不遠」，哥哥說「遠」；再問了一次，答案還是一樣。我身上只有一支手機，柚子身上只有一百塊，我對柚子說：「乾脆我們走路回去吧？」於是，我們一人買了一根又香又濃的布丁雪糕，跟著小兄弟上路。說好帶我們走捷徑的，沒想到他們才拐個彎就到家了，哥哥指著遠處雲層下方的一撮白點，告訴我，成功就在那裡。我對柚子說：「風景這麼美，就走吧！」總算還有一隻流浪狗，陪我們一路走到紅綠燈出現的地方。

走了一個半小時，我們這對難兄難妹已經餓到看見香蕉樹就想爬上去摘。好不容易回到鎮上，月明星稀，路邊飄來陣陣烤肉香，聽說成功鎮只要沒下雨，天天都是中秋節。所幸盧葦媽媽已經準備好一桌菜等著我們了。

奧地利

不是不想，是不敢想！

盧葦媽媽為我安排的最後一項功課，是去奧地利探望樂不思蜀的盧葦。這位母親原先的計畫是讓女兒在奧地利試讀一年，適應不了就回台灣，沒想到，除了開學的頭幾天因為語言上的誤會而哭泣過，沒多久，盧葦就打電話回家：「媽，我不想回去了，妳可以讓我在這裡念多久？」

我的第一次歐洲行就要發生了？坦白說，我的人生多了「出國」這回事之後，還沒想過歐洲這個地點，總覺得自己並不喜歡那類過於精緻細膩的美感。說來奇怪，我對美很敏感，太唯美的東西令我害怕——就像女孩子身上的蕾絲花布令我畏怯多年——反而是不拘小節、大塊一點的美，才讓我覺得舒服。記得第一次開上美國的高速公路，連結車、油罐車從身邊呼嘯而過，我很享受那些巨大的輪胎和強悍的車身線條留下的震撼。

不過，這兩年，我的心底還是冒出了一個聲音：「難道你的一生中，不該有一次去看看最極致、優雅的美嗎？」是啊，進過自由女神的身體之後，我就不必再憑空想像自由女神了，那麼，如果能親眼看到羅馬競技場，我也就不必再費力想像它了，不是嗎？

在我成長的環境中，從來沒有人聽古典樂，更沒人談論它，但童年的我拎著收音機走來走去時，經常一轉到古典樂頻道就聽了好久；只是隨興地聽，沒建立任何涵養，也沒想過它和我會有什麼關連。或許，歐洲就像是我心中的古典樂吧？我終於懂了，我對於精準、唯美不是不想，只是不敢想！我心裡根本是嚮往歐洲的，而且非常期待見到在日系卡通裡看過千百回的歐洲鄉村場景。正值暑假，我牙一咬，決定還是把老婆小孩都帶上，全家一起探訪這座人類文明的花園。

盧葦的學校在奧地利第二大城格拉茲，這座阿爾卑斯山脈東南角的城市，過去曾是哈布斯堡王朝的首都，由於距離斯洛維尼亞只有四十公里，與義大利也只有一山之隔，因此兼具中歐和南歐風情。

做為奧地利的第二大城，格拉茲的名氣遠不如首都維也納和莫札特的故鄉薩爾斯堡響亮，最為人所知的反倒是「阿諾的老家」這個名號。但不說不知道，綠意盎然的格拉茲，除了是著名的大學城之外，也是奧地利的工業之都，而且和台灣還有一點淵源：盧葦的老師告訴我，台北捷運部分高運量車廂，以及高雄捷運的全數車廂，都是在西門子公司的格拉茲廠區組裝生產的呢。

奧地利的北港家族

格拉茲國際音樂學院位在一棟六十年歷史的樓房中，在當地還算是新房子。這所全歐洲唯一由華人開設的音樂學院，創辦人是來自北港音樂世家的陳哲久教授，早在一九六九年他就負笈維也納進修音樂，學成後落腳格拉茲，一待就待到現在。聽盧葦媽媽說起，陳教授當初來到奧地利的原因竟然和二二八事件有關，我兩隻耳朵豎了起來。

陳教授的父親陳家湖自小在南、北管的薰陶下成長，卻嫻熟西洋音樂，小喇叭、鋼琴、小提琴都能玩上一手。他在日治時期參與創立台灣第一個管樂團「新協社」，經常在媽祖慶典及日本神社祭典中演出，戰後新協社改名北港樂團，陳爸爸利用日本人留下的樂器，廣邀鄉親、同事一起練習，鼎盛時期團員多達七十人，各地爭相邀請演出。二二八發生時，弟弟被捕入獄，他也曾受牽連坐監，之後他決心讓所有子女都學音樂，而且能出國都出國，終生不碰政治。

陳教授念完藝專、服完兵役，因為父母的堅持，在二十五歲那年遠渡重洋，進入國立維也納音樂學院就讀，他和大妹是九個孩子中最早離開台灣的兩個，一人一張單程機票，就把父親在鎮公所的十萬元退休金用完了。到了維也納必須自謀營生，幸好遇上一位好心的神父，神父在中國大陸待了四十幾年，文革爆發後才回到維也納。「老人家借我一間房子住，我只需要幫忙鎖門、擦樓梯就好，不只解決住的問題，還可以領點工資。他後來還幫我找了一份旅館行李員的差事。」

一九七一年，台灣退出聯合國，許多人恐慌出走，也是那年，全歐台灣同鄉會成立，維也納大概有三十多位台灣人，經常聚在陳教授的住處交流訊息。當時台灣還在戒嚴時期，留學生的聚會都可能受到關注，陳教授也心知肚明誰在寫他的小報告。沒兩年，世界台灣同鄉會在維也納成立，被台灣當局認定是台獨外圍組織，陳教授上了黑名單，從此他把名字改為諧音的「城澤玖」。他回憶：「到了一九九〇年代，政策已經寬鬆許多，我還用過這個名字回師大教書三年。有位老朋友在新生南路的天橋上遇到我，嚇了一跳，緊張地問：『你怎麼回來了？』」

完成學業後，陳教授思索，華人想在歐洲生存下去，還是得開餐館才行，他和兄弟們攤開地圖商量未來，決定去沒有東方面孔的格拉茲闖一闖，父親也賣了北港的房產提供創業資金。一切就緒，餐廳執照卻遲遲未核發，原來是當地官員搞不清楚中國菜如何評鑑，後來還是格拉茲的主教出面幫忙，才舉行了一場自定題目的考試。

就這樣，陳教授一邊在學校教琴、一邊做生意，許多音樂界人士都是他的座上賓，他也常下場自彈一曲與賓客同樂。餐廳經營了近三十年，其間也曾轉型牛排館和日本料理，他和太太漸感疲累，當地朋友建議他收起餐廳，開辦一所人人可就讀的音樂學院，並大力協助他處理嚴格的申請程序。拿到許可後，陳教授將餐廳改為宿舍，隔壁中學的校長也慨然出借校舍，歐洲第一所由華人創辦的音樂學院就此成立。

不只陳教授成為教育家，他的八個兄弟姊妹留學奧地利皆有所成。大哥陳茂萱是知名作曲家，曾任師大音樂系主任；弟弟陳哲民也是師大的大提琴教授；大妹陳令觀則是維也納國民歌劇院樂團中唯一的華人，擔任小提琴手直到退休。另一位弟弟陳哲正則接下父親衣缽，振興老字號的北港樂團。

陳教授父親的遺願是兒女們在台灣開辦一所音樂專門學校，可惜受限於校地不易取得，至今未能實現；不過，他們在奧地利辦學，有一半的學生來自台灣，陳爸爸天上有知，一定也感到欣慰。儘管年事已高，陳教授每年仍然親自帶學生回台灣演出，同時也盼望找到年輕一輩接棒興學。

陳教授的故事給我的感受特別深刻，他因為時代的苦難被父母送到奧地利避禍，最後選擇落地生根；四十多年後，盧葦卻因為爸媽的殷殷期許而來到奧地利，在陳教授的課堂上如魚得水。平行的時代，交錯的緣分，串起許多認真付出的人。

入學不難，畢業超難

對於吃一頓兩小時喜酒都嫌上菜太慢的華人來說，歐洲人晚餐一吃四、五個小時，實在匪夷所思。在格拉茲的這些天，我們固定每晚六點多就聚在陳教授的後院吃飯喝酒，本來以為第三天就該不耐煩了，結果我卻一直樂在其中。下午的超市裡，人們認真選購搭配晚餐的葡萄酒、啤酒，其中不乏青春的面孔，因為在奧地利，滿十六歲就可以喝酒了。陳教授的後院晚餐，時常有其他老師來一同歡聚，教育的人聊教育，我聽了感動又失落。明明同在一個地球村，他們每一個想法，好像都進化在我們前面許多。

和台灣教育相比，最顯著的不同是，奧地利採雙軌學制，入學管道多元，學生不必擔心過早決定未來志向。奧國人注重各類專門技術，技職教育蔚為主流，選擇進高中、大學「做學問」的人反而是少數。大部分學生十五歲進入職校，十八歲就離開父母出外工作，學以致用讓奧地利的社會穩定，失業率在歐元區中始終保持最低，而學制相同的德國居次。

奧地利擁有全球最高比例的諾貝爾獎得主，每年國際學力評比中，奧地利高中生也總是全球前幾名。想從高中畢業可不簡單，必須通過包含報告、筆試、口試的畢業考，然而，一旦領到那張響噹噹的畢業成績單，就立即擁有公務員資格，而且可以直接申請進入全歐各大學就讀。

奧地利的大學則是真正嚴謹的學術殿堂，通常學生要花六到八年才能修滿學分，畢業率還只有三分之一。然而，只要你想進修，不限學歷，皆可參加大學檢定考，考得過就能入學做研究，不像台灣一關卡著一關，逼人非得從國中、高中一路取得文憑不可。

台灣教育的最大問題是家長

我發現，奧地利的學制和台灣並不算南轅北轍，然而，理念卻截然不同。重點是，奧地利不搞分數崇拜。他們只關注學生是否達成目標，而不在意究竟考了幾分，也不比較誰考了第幾名，甚至，他們不常考試——這真是台灣父母很難想像的事情。此外，奧地利學生假期很多，為了讓學生玩個痛快，放假前老師是不出作業的，也不會把考試安排在假期結束後的第一天。

我想起我家的恬恬，她是個自動自發的孩子，然而，考試壓力常逼得她半夜兩點還在K書。我看了很不忍心，要她快點換掉制服去睡覺，但是她精神緊繃，怎麼也聽不進去。週末全家一起去海邊，她卻說想留在家背地理。我實在不懂，國中課程改了這麼多次，都說考題靈活、以理解為主，為什麼還有那麼多課文要背呢？這樣的教育，簡直是青春歲月的墳墓啊！

太多人批評過台灣的教改，不足為奇，但是，陳教授淡淡的一句話，卻讓我思考良久：「家長的觀念如果不改，制度怎麼改都沒用。」這話很重，一針見血。他說，教音樂這麼多年，遇到的台灣家長普遍太看重成果、太要求進度，迫切地想證明自己的孩子比別人強，於是，從家長到孩子都擔心拿出手的東西不夠厲害、不夠難，造成了一種浮誇的惡性競爭。

「我常舉一個例子，在台灣，國中生練習的曲目，是奧地利音樂研究所畢業考在彈的。家長要求老師教孩子彈蕭邦的作品，還要求選難一點的，因為『考試比較會過』。一個人還沒談戀愛就讓他彈蕭邦，這怎麼可能呢？最後都是比誰彈得快、彈得大聲。揠苗助長的結果是打壞了孩子對音樂的胃口，反而早早斷送了孩子的興趣和能力。」

陳教授比較了兩地的觀念差異：「台灣的老師以考倒學生為目標，奧地利的老師是問學生，我能怎麼幫助你？台灣家長急功近利，讓學校用高壓方式求速成，不管是讀書、拉琴還是打球，逼迫孩子在國、高中時期就把力量發揮到極限，乍看成績不錯，其實這是騙小孩、騙自己，也騙整個社會。歐洲教育講求系統，什麼時候做什麼事都有準則，課程表拿出來，所有練習都不能超出進度，學生才不會提早『報銷』。」

不要光聽別人的錯

盧葦媽媽也提出了她的心得：「比較新的觀念是，學音樂的第一步，應該從最接近自然律動的唱歌和打擊樂開始，以不傷害肌肉、骨骼為前提，隨著身體的發展再延伸到其他方面。重點是，不要求孩子超齡學習，即使天才也一樣。音樂和建築很相似，譬如巴哈、海頓的音樂就像一棟棟精密工整的建築，如果學習的根基沒打好，等於是在危險地層上蓋房子。」

她補充，好的老師不會只教學生苦練琴技，反而會比家長更關心孩子的身心均衡。「誰說學音樂只是學演奏？盧葦到了奧地利之後接觸大鍵琴，就是從調音、照顧樂器學起。這位老師特別注意她的脊椎和姿勢，教她呼吸、放鬆的要訣，還經常幫她按摩雙手，盧葦的小手現在竟然也能彈到八度音了！」

陳教授也常提醒學生，聽音樂聽的是感動，不要吝惜讚美別人。「台灣的學生和家長去聽演奏會，像是專門去聽人家的錯，『喔，又 miss 掉一個音！』結果自己根本沒有享受到音樂，當然更不懂得給予別人掌聲。古人說『虛懷若谷』，學東西一定要謙虛，才能體會深層的內涵。」

文憑不管用，師承才要緊

陳教授說，奧地利的「雙軌制」邏輯很清楚，普通大學裡的音樂系，開設的是音樂美學、音樂哲學、音樂比較學這些理論課程；而表演藝術大學的音樂系學生則主修表演，畢業時不拿學位，得到的是一紙演奏家文憑。

「在台灣，想考國家音樂廳交響樂團，報名時就要填上你的學歷；但是，如果在歐洲考柏林愛樂、維也納愛樂交響樂團，人家才不管你從什麼學校畢業，倒是會問你老師是哪一位、你跟著這位老師學了幾年。文憑不能為你的實力背書，但師承可以。」

「奧地利人沒有幾歲必須念完高中、幾歲練會什麼曲子這樣的觀念。」陳教授再次強調順應自然、循序漸進的重要性。曾有位台灣學生在格拉茲同時讀高中和音樂大學，為了高中畢業考，陳教授建議學生先從音樂大學休學，這在奧地利是順理成章的選擇，但學生家長難以接受。

陳教授故意用歐洲人的角度虧我：「唉，我常說你們台灣人哪，都是贏在起跑點，可是輸在終點前面！」

教授的諷刺讓我苦笑。前幾年，我應教育部之邀擔任技職教育代言人，高高興興地出席，自認也算為復興美工爭光露臉，沒想到，記者會上，教育部發言人致詞時說：「雖然各位都輸在起跑點……」我非常錯愕，我們不是來提醒大家技職教育有多好的嗎？之後的採訪中，我忍不住對記者抱怨：「念職校的人怎麼會是輸在起跑點呢？我們是跑得太快，找不到人幫忙啊！」

感謝放牛班

台灣牢不可破的升學主義，逼著一百個資質不同的孩子，在同一時間往同一個方向前進。我在亞洲大學教課時，曾問班上的學生：「你們為什麼來這裡畫圖呢？」大家你看看我、我看看你，不發一語。我發現，這些背了十幾年國英數史地，但美術、工藝沒上過幾堂的學生，在進了大學主修設計後，很容易陷入一種自卑的心態。有些人只是分數剛好能填上視覺傳達系，對設計談不上興趣，可能得尷尬地撐完四年；有些人一心想學設計，也如願考了進來，卻因為太久沒動手畫圖而信心不足、倍感挫折。有誰想過，為了人云亦云的「贏在起跑點」，為了揮之不去的「萬般皆下品，唯有讀書高」，我們從教育到產業走偏了多遠？學生付出了多少代價，社會又浪費了多少資源呢？

我好感謝國中放牛班的日子。以前的台灣至少還有放牛班，讓我可以像奧地利的孩子一樣用力去畫畫、去運動；現在的孩子號稱選擇更多，卻全部朝著高中、大學、研究所這條人云亦云的長路擠去，有幾個人真的選擇了自己想做的事情？又有幾個人知道自己想做的是什麼？

中午就放學，下午做什麼？

陳教授又有一比：「台灣的學校把學生從早上七點多綁到下午五點，不笨也笨了；奧地利的學校中午十二點半下課，老師在課堂上拋出問題，學生在課後去找答案。」為什麼連高中生也可以這麼早下課呢？「奧地利學生不需要死背，歷史課甚至不用教科書，只要抓住大方向、大事件就好，重點是他們知道去哪裡找答案；課堂上著重報告和辯論，因為自發研究過的知識印象最深。」

歐洲人認為，家庭教育和學校教育同等重要，早點放學，孩子才有時間與家人相處，並且發展各自的興趣，就像《真善美》中的孩子們歡唱著〈My Favorite Things〉。反觀台灣，很多家長認定教育是學校的事，父母的責任是賺更多的錢、提供更高貴的物質生活。於是孩子放學了去補習班延續學校的課業，深夜十點半終於到家，還要繼續伏案苦讀，永無休止。

我想起一則新聞，二〇一二年，行政院文化獎頒給了七十歲的書法家董陽孜，右手負傷上台領獎的她，沉重地表示，她之所以繼續寫書法，是希望做給年輕人看：這麼美好的漢字，怎麼能被撇到一邊、棄而不顧呢？她希望下一代能多拿毛筆、多寫字。

我讀到這則新聞時義憤填膺，這是什麼離奇的狀況？我們國小、國中的書法課早就在升學主義和家長壓力下被全面廢除了，已廢除的文化還要如何鼓勵、表揚？如果中華民國最高的文化獎要頒給一位書法家，麻煩先把毛筆字找回來吧，至少該讓這個獎成為教育理念的檢討，而不是嘲笑！

提供家庭教育，陳教授補充了一點：歐洲的家長重視涵養和生活禮儀，孩子普遍落落大方、善於溝通；相比之下，剛從台灣來的孩子，常有許多與年齡不符的扭捏舉止。陳教授直言：「台灣二十歲的大學生，應對進退往往還不如奧地利十二歲的孩子。」這話聽著好熟……「台灣大學畢業生的生活能力，還比不上印尼十二歲的孩子。」對了，是峇里島的美月這麼說過。美月和陳教授未曾謀面，一個在東南亞、一個在歐洲，誰想到他們的觀察竟如此相似！

在奧地利，人人都玩過一兩種樂器，即使不玩樂器的人也喜歡欣賞音樂，他們有各種理由舉行大大小小的音樂表演，從歌劇到流行樂都不缺。而蕉風椰雨的峇里島上，下午兩點放學後，孩子們在路上跑跳著，準備去廟裡練習傳統樂器，那快樂的模樣印在我腦海。他們學音樂就像呼吸一樣自然，不是想著前途，也不是為了父母的偉大期望。我想，若不是峇里島和奧地利的教育理念頗有異曲同工之妙，那就是台灣的教育真的太落後了！

我認識你的小孩，一閃一閃亮晶晶！

暑假的格拉茲是一座空城，我常覺得街上只有我們一家人在走路。除了清爽的空氣、路邊小果子的滋味和厚石磚鋪成的巷道，這裡讓我印象最深的是鐘聲。整點一到，你會發現這是一個好多教堂的小山城，四處飄盪著噹噹噹的聲音，有的近在咫尺，還可以聽出是在室內敲響，有的悠遠，從山上緩緩傳送到耳畔。也許你正在看電視、玩 iPad，或者胡思亂想，當四面八方的鐘聲紛紛響起，是提醒也是慰藉。我想起在開羅街頭聽見擴音器傳來可蘭經文禱告時，心裡也有過同樣的純粹感動。如果時光倒流，而有一個科系是主修聲音的田野調查，我肯定要從那個科系畢業。

已過七十高齡的陳教授，依然活力充沛，這一趟歐洲行，全靠他開著箱型車帶我們四處遊覽。看他每到一個休息站就會閉目養神，我有點擔心他的身體，但是盧葦媽媽告訴我，別在意，這是校長養生的方式，他很喜歡開車去旅行。

在我們到達的第四天，陳教授載著滿車的台灣人翻山越嶺到了捷克首都布拉格，教授說，每隔一段時間，他都會開車到布拉格去理髮，一來消費便宜許多，二來他很喜歡這座美麗的城市。從布拉格回格拉茲只需三小時左右，但是教授安排我們在布拉格住一晚，他請朋友推薦了一家特別的旅館，我們按地址找了很久才發現，這家旅館竟然是停泊在河上的一艘船。

在布拉格短短一個晝夜，我卻經歷一段難忘的奇遇。一年多前，我看了林正盛導演以特殊教育為題材的紀錄片《一閃一閃亮晶晶》，片中主人翁李柏毅是一位被稱為天才畫家的重度自閉症少年，這顆小星星雖然無法如正常人一般收發感情，但擁有一個充滿愛的家庭，外公簡錦錐是藝文界名人，在五〇年代創辦了人文薈萃的明星咖啡館。柏毅的媽媽幾年前決定帶他離開台灣，到歐洲各個角落去旅行，盡全力讓兒子多看這個世界最美好的一面，母子兩人在歐洲街頭散步的畫面讓我印象深刻。我覺得這位母親太偉大了，她生下這個特殊的孩子，就決定負責他一生的輕重悲喜，承擔他人一世的詫異眼光。

柏毅得到國內外許多美術館的認證及邀請，但這並不因為他是個身分特殊的孩子。相反地，以我稍具專業的眼光來看，他的畫的確是上乘的藝術家之作，透著凡人不可能配出的色感。看他畫的建築物、黃昏的霓虹燈、抽象的風景，毋庸置疑，老天爺就是給了他另類的天分——或許是來自外星球的吧。

那天，我走出布拉格市區一家瓷器店，正要過馬路，忽然看見一對眼熟的身影迎面走來——是柏毅和他的媽媽！柏毅長大了，媽媽把他打扮得很有品味，但是那雙無辜的眼神依然顯露失焦的迷離狀態。我湧起一股衝動，覺得必須做點什麼鼓勵他們，哪怕一句話也好。我走上前說：「我認識妳的小孩耶，一閃一閃亮晶晶！」優雅的母親轉過頭，笑著謝謝我，手中仍牽著兒子。她沒再多說什麼，只是輕輕點頭，就在馬路中央向我告別了。我也往前追上我的家人。

電影中在歐洲街頭過馬路的母子，竟然在現實中與我巧遇，我為他們不捨也高興。這世上有許多父母因為生了特殊的孩子，必須辛苦掙扎著活下去；但也有許多父母的生命因此有了新的改造。我無法深入探究這次巧遇隱含的意義，但我知道，經過這趟旅行，我對「天才兒童」多了一份感情。

在歐洲我不做設計師

美術館裡，我看著版畫上的花草樹木，想像著共產時期的藝術家得花多長的時間才能完成一幅畫，如今可能沒人畫得出這麼精細的東西了。雖然建築是我的最愛，但當我站在西元九二九年開始興建、到一九二九年才完成的聖維塔大教堂前，我告訴盧葦媽媽：「我想，如果我生在歐洲，應該不會做設計吧，因為他們在一千年前都已經做好了。」

有人說我特別喜歡用台灣的元素來創作，其實不是那樣的。我只是拿自己最知道、最熟悉、最有感情的東西來創作。如果我拿歌仔戲創作，那是生活；如果我拿歌劇來當題材，那是揣摩。走得更遠，看得更多，讓我得到了生活中的揣摩。

我想，是天意讓我跟著盧葦的腳步，從台東成功來到格拉茲、布拉格，以及匈牙利和斯洛維尼亞的邊境小鎮，一路上遇見大大小小、形形色色的教堂，敲著或甜美或莊嚴的鐘聲。你說，這不正像是一趟為卡片教堂尋根的旅行嗎？雖然當時盧葦專輯的主題未定，但我心裡已有想法，我沒法設計一座真正的教堂，但我想讓卡片教堂躍然紙上，再讓鐘聲來迴盪它。

哈韓的古典音樂家

早在盧葦的專輯《卡片教堂的鐘聲》設計完成之前，我已經破天荒地發表了一大堆心得感想，因為我知道，分享這張專輯的緣起和製作過程，比做出來的成果更重要。

但演講了十幾場，我始終猶豫著該不該提起一段我不小心知道的軼事。最近發現，原來媒體記者早就採訪過這個主題了，並不是個祕密，那我也就寬心和大家分享吧。

在格拉茲的某一天，舒華對我說，盧葦媽媽曾私下告訴她，其實當初下決心送盧葦來奧地利念書還有一個原因，這原因竟然和盧葦是個「泡菜粉絲」有關係。盧葦爸爸是個溫和理性的人，但他對於女兒上國中後迷上韓劇、韓國流行音樂很不滿，曾經氣到把盧葦的收藏整疊丟棄，讓盧葦傷透了心，險些離家出走，父女倆久久沒有說話。

聽說這個消息後，我特別請盧葦帶我去她的宿舍看看，表面上是了解一下學生起居的環境，其實我好奇著她來奧地利之後興趣有沒有轉移。

盧葦和一位台灣同學同寢室，分睡上下鋪。一進房間，我就「哇~」地驚呼了出來，她們的牆面貼滿了超大型的韓國樂團海報，歎為觀止；書架上也有好多設計精美的韓樂專輯；我後來觀察，盧葦常在電腦上看的也是韓星演唱會的視頻。

主修作曲和小提琴的盧葦愛聽韓式嘻哈，其實我並不驚訝，因為所有的青少年都一樣。讀音樂班的恬恬告訴過我，她們全班同學早就都聽韓文歌了。十幾個韓國團體在艾菲爾鐵塔前聯合演出，巴黎人還不是跟著又唱又跳？

流行音樂是當代大眾的心靈共鳴。身為娛樂產業的一員，我非常清楚，能夠紅遍這麼多國家、風靡這麼多人的表演必定有其過人之處。在家看電視時，我偶爾也會轉到幾乎被韓流節目占領的音樂台，仔細欣賞，試圖了解個中奧妙。我旁邊也常會有人冒出一句：「全部都假的，全部都整容！」一竿子打翻所有努力，然而，韓流是否真的一文不值？我們的孩子是否那麼沒有分辨好壞的能力？有沒有可能，是我們大人還不懂自己的孩子，就像我們不懂韓國一樣？

盧葦的舅舅在個人部落格上有一段很棒的分享：「我教過盧葦數學，成績真的不怎麼好，她的爸爸是理化老師，但她的理化也不怎麼樣；可是，這孩子很哈韓，卻能因為這項興趣自學韓語，在Facebook上面還交了不少韓國朋友，甚至能用韓語留言對話。換個角度來想，這孩子懂得的未必比我們少，甚至在某些部分超過我們許多，我們又何必將我們認定的社會價值強加在她的身上？只要是學習與充實自己，都是一件值得鼓勵的事情。」

直到現在，偶爾點進盧葦的臉書，我依然驚歎，這這，好個韓國流行音樂現場！而盧葦爸爸如今則是嘆口氣、笑著說：「沒想到盧葦哈韓不只學會韓文，連英文都變得特別好，因為這樣，讓我氣也氣不下去了！」

從背面看卡片教堂，是棟矮小的鐵皮屋。

卡片教堂的原始版本會不會就在格拉茲？

卡片教堂面向太平洋，屹立不倒已近40個年頭。

卡片教堂的鐵皮屋頂下，是神愛世人的溫暖空間。

斯洛維尼亞保有共產樣板遺風，吃飯配塑膠花。

聖母瑪麗亞和小天使，是歐洲人心中最愛。

捷克首都布拉格古董店裡的小巧裁縫機。

只剩扭結餅孤伶伶地待在麵包架上。

奇怪，斯洛維尼亞的鳥巢怎麼都像是超大天線？

從開羅去撒哈拉、羅馬去萊可仕、維也納去格拉茲，都是一路向南！格拉茲是奧地利最南的城市。

處處是莫札特、貝多芬、舒伯特、海頓⋯⋯

山頂鐘塔是格拉茲的精神堡壘，時針倒著走。

格拉茲歌劇院前右手舉劍、左手托著宇宙的「光劍」地標，象徵開放及容忍的城市信念。

美國人院子不除草鄰居會叫警察；奧地利人陽台沒有花出門會抬不起頭。

奇形怪狀的蔬菜，這該怎麼吃啊？

建城近千年的格拉茲，是個古典又浪漫的都市。

路邊到處都是已經成熟的小果子。

格拉茲的菜市場，清爽自然的歐洲味。

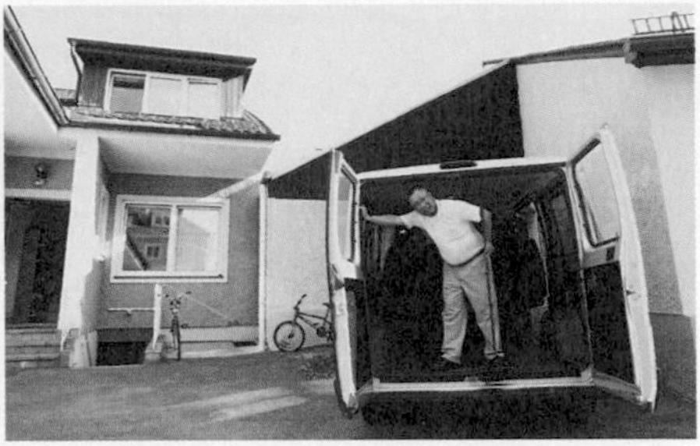
陳哲久教授的音樂學校和他的校車。

每棟房子都是古蹟，用顏色來區分家族。

陳教授買了一瓶當地農夫釀的蜂蜜酒要我嚐嚐。

下午4:07，格拉茲的夏季天空。

捷克人早餐桌上的白煮蛋保溫布罩。

布拉格的查理橋上有30尊天主教聖者雕像。

橫跨伏爾塔瓦河的查理橋，號稱全歐最美橋梁。

找了好久的旅館，竟是河上的一條船。

蓋了一千年才完工的聖維塔大教堂，是布拉格城堡區內最壯闊雄偉的建築。

到歐洲別忘了扛一罐榛果巧克力醬回家。

格拉茲製造的捷運通往全球，包括台北和高雄。

魔鬼大帝阿諾史瓦辛在格拉茲塔爾鎮的老家。

格拉茲少女在閃電打雷時不斷喃喃合唱。

巨星阿諾小時候睡的可愛房間，和他兒童尺寸的單人床。

連蜜蜂都來採蜜，顧客和老闆也不介意。

美味的肉桂口味捲餅。值得辛苦排隊兩次！

在加油站旁喝到亮晶晶的冰拿鐵。

《艾蜜莉》的小矮人原來是放在花園的裝飾品。

格拉茲的每一家店都是一座古堡。

這裡是清教徒眼中流著「牛奶與蜜」的地方。

我，一家之主發狠、發誓：我要帶孩子們去猛旅行，一個都不能少！
三個蘿蔔頭加入的旅途，浪漫和甜蜜變少，賭氣和哭鬧來填補；
然而，看見一張大床上，所有人互擠到翻過去的豪邁睡姿，
我的快樂天堂好像更完整了。

USA: We Are Five!

美國：一個都不能少

美國西岸

美國，我來了！

當我設計的唱片初次在美國發行，老爸下了一個肯定的注解：「在美國出唱片，那就等於在全世界出唱片了喔。」一個國家就代表全世界，這恐怕是我爸的偏見，但也反映出少許真相。

我們這世代的台灣人，提起外國，第一個聯想到的都是美國老大哥，生活中也充斥美式文化和美國觀點。對於聽著Billboard排行榜、看著好萊塢電影長大的我，美國就像未謀面的老友，所以入圍了「全世界」唱片圈關注的葛萊美獎、即將飛往洛杉磯出席頒獎時，我有一半的雀躍是來自「可以去美國了！」我開始計畫公路旅行，打算把這位老友看個夠。

這不但是我人生的第一次出國遠遊，還是我們夫妻倆遲到了十多年的補度蜜月。新婚第一週，我帶舒華去南投盧山玩，拜訪一位幾年前結識的賽德克族頭目；但是，由於擔心我們的安全，我爸自告奮勇當司機，我媽也順理成章坐在我爸旁邊，蜜月成了四人行。為了彌補缺憾，這一回，我們把三個小孩託給爸媽，在美國西岸硬是玩了三個禮拜。

跟團到了拉斯維加斯，入住賭城最高的高塔酒店（Stratosphere Hotel），雖然它早已不是最新最炫，但夫妻倆頭一次開洋葷，興奮得就差沒在床上亂跳。打開電視，頭條新聞正直播一項纜車起重工程，每個步驟鉅細靡遺；轉頭一瞧，那座大吊車就在窗外。連看新聞都有全新體驗，美國真奇妙。大概就是崇洋心理吧，讓我對眼前的一切充滿好感。

寬敞的房間裡，有一座長長的梳妝台和一面好大的鏡子，鏡子旁有個小巧的字紙簍；浴室的地板找不到排水孔，原來浴簾是要放進浴缸的；洗手台上有個小方盒，裡頭裝的竟是衛生棉；檯面上一對玻璃杯，襯著白色圓形杯墊，薄薄一紙，卻鏤刻著細細的蕾絲花邊。鄉巴佬進大觀園，看什麼都稀奇，我把杯墊和小方盒裝進行李箱帶回台灣。幾年後，《故事島》專輯裡的白色蕾絲剪紙，追溯靈感最源頭，其實就是那張杯墊。

大峽谷一日遊，我買了一隻全身黑亮的烏鴉玩偶，牠是峽谷的吉祥物，這把舒華震住了：「你怎麼買烏鴉？你要參加頒獎典禮耶！」可是我覺得沒差，都到這時候了，榜單上有沒有我應該已經定了啦。

回到洛杉磯，與風潮唱片的美國區經理凰伶姊會合，有熱心的她帶領著東奔西走，讓英文不好的我們吃了定心丸。葛萊美獎日到來，想到滿場衣香鬢影，我們三個總不能當台灣土包子，於是一大早，兩位女士去華人美容院 sedo，回來時，舒華的造型嚇壞了我，她的頭上還灑滿金蔥，讓我無法直視；坦白講，我從沒見我太太這麼「聳」過。

戰戰兢兢在現場坐定，最佳包裝獎還在八十項之後。等了一世紀那麼久，結果頒獎人口中唸的果然不是「Qing-yang Xiao」，可是沒時間氣餒，因為凰伶姊已經幫忙租好了車，附送一張大地圖和兩本劃好重點的旅遊書，加州一號公路自駕遊即刻啟程。臨上路前，台北駐洛杉磯辦事處的新聞主任希望我們等一等，行政院要發一封電報過來。電報？好復古的名詞！怎麼不是 e-mail 呢？

電報終於發來了，內容大致是「恭喜蕭青陽獲葛萊美獎提名肯定，盼再接再厲」之類的。代表處人員不常遇上我們這種客人，但在等待電報中，不忘貼心地為我們張羅豪華便當。正逢農曆春節，隔壁大廳傳來尖亮的〈迎春花〉歌聲，原來是僑社正舉辦新春餐會。主任問我們要不要和大家打招呼、熱鬧一下，當然好囉。我看到好多花旗袍穿梭眼前，那時還不流行台灣之光這個詞，大家都是說沾沾喜氣、沾沾光。第二天，中文報紙寫著：「蕭青陽與葛萊美獎擦身而過，不氣餒，繼續往西岸考察。」咦，小時候常在報上看到某某長官去考察，原來考察就是旅行的意思啊？沒想到有一天也能用在我身上！

開上濱海的加州一號公路，照凰伶姊的囑咐直直向北，出發時，天氣陰陰灰灰，還下著雨，公路上烏鴉成群，路樹混合種植出意外的美感，公路之外卻呈現半沙漠的荒涼。學會開車多年，這是我頭一次駛向全然陌生的世界；然而左手是太平洋、右手是山脈的景色，又令我不斷想起反向的花東海岸公路，有種人生翻轉的奇幻感。景色一路變化，我忙著辨認看上去都很像的路標，舒華忙著找地圖、翻旅遊書，一路開一路停，我們玩得很拚，像是以後沒機會再來一樣，每個景點都想看一眼，原本一天的路程，結果開了五天才到舊金山。

可愛有理的丹麥鎮

這條公路不只自然景觀引人入勝，沿途的人文同樣有趣，我們在聖塔芭芭拉遇見典型美國恐怖電影場景，海邊的小鎮、半舊的摩天輪，明知沒來過，卻有微妙的熟悉。另一個小鎮，則是凰伶姊在地圖上圈了又圈，推薦我們一定要去的，它號稱加州裡的小歐洲，名叫 Solvang，是丹麥文「陽光灑落的田野」之意，但台灣人喜歡叫它丹麥鎮。

才轉向 Solvang 沒多久，就發現景觀開始變化，兩旁出現台灣高山上才有的大樹，我既驚訝，又覺得似曾相識地合理。一百年前，五位丹麥移民買下這座山谷，建立鄉村學校，之後漸漸發展成丹麥裔聚落。如今，小巧玲瓏的Solvang，擁有五千多位鎮民和三百多家特色小舖。老遠就看見丹麥尖屋頂和配色亮眼的北歐大風車，雖然都是童話氛圍，但這裡和洛杉磯的環球影城、迪士尼大不同。即使還沒機會去歐洲，我想我知道它和美國的差別了。

這裡的每棟建築都是小木屋，屋瓦上都有小動物、小花草或小風車裝飾，店招上都有安徒生童話的人物。專賣糖蘋果的店裡，老闆正把青蘋果插上木棒、裹巧克力醬，再沾滿花生碎或芝麻粒，又大又圓地擺進櫥窗；繼續往裡開，翠綠山丘上的葡萄莊園，農夫和小路點綴其中，遠遠望去，好像打開了一本大大的童書。想問路，鎮民說，已經兩點多了，你們別走遠，再過一會兒街上都要打烊囉。

真的好堅持歐洲傳統喔！很難相信，路上都是觀光客，天黑也還沒一撇，怎麼就準備打烊呢？商人們都不想賺錢嗎？還有更奇怪的，這裡的每家小店竟然都只專心地賣一種東西，比如整家店全是咕咕鐘、整家店全是蕾絲抱枕、全是橡皮圖章，全是天使卡片……而且，此地生活步調緩慢，慢到早上出門寄一封信，就完成了一天最重要的任務。為什麼他們這樣過日子呢？

我成長在一個崇尚GDP數字、容忍市儈的都市，這無可避免地影響了我的想像力和設計風格，我根本不敢想像天真爛漫會發生在我身上。我的生活是壓迫、高速的，臨上飛機前，我還在熬夜標色，再麻煩我爸把稿件送去印刷廠；可是世上竟然有一群人的真實生活，簡單美好得像是一張卡片，慵懶夢幻得讓人難以置信。

我為自己感傷，為什麼沒有早一點來這裡呢？如果我還是個小孩，看見一整牆的咕咕鐘同時搖頭擺腦轉眼睛，一定會興奮地又叫又跳；但成熟長大的我，早就學會了壓抑、忍住。我只能慶幸我終於來了，而且開始接受那些粉粉嫩嫩的美感。其實，每個人都有許多可愛的、天上滿是星星的想像，幹嘛不敢說出來呢？

仿照新婚小倆口的模式，我幫老婆大人拍了好多照片，每一張漂亮風景的前面都有她，每一個景點都不放過。我覺得，舒華在這裡變得好漂亮，怎麼拍都美。難怪大家度蜜月都要出國！

清晨六點十分，遇見天堂

另一天下午，本來想參觀由報業鉅子威廉·赫斯特興建的赫氏古堡，四點到達，我們又碰上了明天請早的窘況。其實不進去也無妨，一路美景已讓我心滿意足。這晚投宿名字落落長的 Carmel by the Sea 小鎮，這個西班牙味道的濱海小鎮青蔥而寧靜，街上好多畫廊，從每隻狗都和主人穿著同款衣服看來，這是個講究精緻品味的地方。據說老牌影星克林．伊斯威特當年在這裡當過市長，而近半世紀前，國畫大師張大千也曾定居於此。

這一晚，我睡了個好覺。第二天清晨，隱約有個聲音進入夢中，是一首歡欣鼓舞的進行曲；樂音細微卻清晰，彷彿近在枕邊，半夢半醒的我，感官全開，比意識清醒時更敏銳，把每個音節都印入了腦海。我看見一個豐饒又輕快的場景，好像是德國的國慶遊行，我感覺非常舒服。不知過了多久，樂聲更明亮了，我睜開雙眼，發現自己身處異鄉陌生而舒適的房間，鏤花窗簾透著微亮的晨光，床頭的小收音機流瀉著音符，顯示著六點十分，而舒華靜靜地躺在我身旁。

人生何其有幸，居然有這麼一個早晨，我能和枕邊人在如此漂亮的地方甦醒，這個全新的感官經驗，幸福又快樂。我想，應該是上一位住客的晨呼設定沒有清除，才讓我享受了難忘的魔幻時刻吧。我深深感謝這位不認識的朋友。

實在太舒服了，我不想移動，只想用力享受這個愉悅的情境。這種感覺是什麼？我忽然想通了，我的天堂就是這樣的情境。

漁人碼頭放海鷗風箏

我對舊金山的印象，不外乎它是頭上記得要戴朵花的地方、牛仔褲被發明的地方、記錄華人血淚史的地方，還有同志運動的大本營。真正置身其中，只見筆直的道路在大波浪地形上起起伏伏，叮噹車努力爬坡，乘客吊在車門外耍帥，嬉皮開著復古跑車，露天咖啡座飄來芳香，老人們衣著高雅散著步。無論晝夜，環美金字塔都是天際線上的主角，雖然它「只有」四十八層，已是舊金山的最高建築。

把上上下下的叮噹車坐到底，我們到達漁人碼頭，在巨大的船舵地標之下，除了街頭藝人，最多的就是又大又肥的海鷗，車頂、電線桿上停得到處都是，老神在在地等待食物。我猜，牠們的祖先這樣過日子少說也有上百年了吧。

我不懂美國人的規矩，興奮地在垃圾桶裡撿了一些盛裝巧達濃湯的麵包殼，把附近的海鷗成功引了過來，繞著我爭相啄麵包；我抬起手，牠們也拍翅膀飛了起來。海鷗已經多到二十隻以上了，我想玩玩「放風箏」，邊走邊餵，可是旁邊的老外似乎有點不高興，我以為他怪我餵食野生動物，原來他是說：「嘿！別讓鳥糞碰到我。」

我後來發現，許多在外人看來挺可愛的動物，在當地人眼裡都是極不討喜的傢伙，澳洲駕駛人常咒罵袋鼠，美國民眾見臭鼬如臨大敵，而住海邊的人似乎都討厭海鷗，圍牆上釘滿了釘子，就是不給牠們停。這讓我陷入深思：我對這些動物的可愛想像究竟是從哪裡來的呢？卡通？絨毛娃娃？動物星球頻道？反過來想，在台灣被當成邪惡代表、人人得而誅之的蟑螂，會不會有老外看了大叫「好可愛」呢？

舊金山像基隆港？

在舊金山遇到黃色面孔，上前問一句，十之八九中文都能通。碼頭轉角處有家東方人開的海產店，我們派出講話超有人情味的舒華，聊著聊著就賺到了額外服務，這一頓螃蟹餐吃得過癮。傍晚再次經過碼頭，海產店已經收攤，海鷗也散去了，門口只留下一盤盤殘羹剩肴，無人收拾，冰冷地堆滿了鐵皮桌；食物份量都特大，所以幾乎沒人吃完，有些甚至沒吃幾口就扔了。我拿出相機拍下這個即興過後的凌亂現場，在旅行中，我會試著放開成見，因為再怎麼難堪的時刻，可能也有美感的呈現，接受了，那就是行為藝術。後來，在八十八顆芭樂籽樂團的專輯裡，我放進了這一片杯盤狼藉。

碼頭人群中，瞥見一個熟悉的輪廓，遠遠地，可是「訊號」超強烈，我和那人馬上鎖定了彼此。是五月天的阿信，他來舊金山華人區開演唱會，趁著空檔出來逛逛，竟然就這麼巧遇了。我們寒暄、道別，相約回國再見。雖然才離開台灣沒幾天，我好像也領略了一點他鄉遇故知的心情。

同樣是加州的濱海大城，但舊金山和洛杉磯徹底不像，而我愈看愈覺得，舊金山其實很像基隆港。只是，想著想著，我好像又崇洋了：為什麼美國到處是木頭房子，自己蓋自己修，輕鬆得像堆積木？為什麼他們把房子漆上各種色彩，下雨也不怕髒？據我們家的基督徒舒華說，美國在當年清教徒心中，是《聖經》裡「流著牛奶與蜜」的應許之地；好吧，或許上帝就是不公平，有的事在美國就是變得簡單；可是，設計師心裡最在乎的其實是：為什麼人口稠密的城市也可以這麼好看？為什麼他們比我們在乎美感？

和上帝談條件

雖然玩得意猶未盡，但畢竟已為人父母，大旅行結束回到家，夫妻倆行李一放就騎車衝去南勢角爸媽家接小孩，那年的我們只有一輛機車，經常得前面塞兩個小的、中間夾一個大的，「五貼」上路。昏暗的鐵皮門打開，老媽抱著棠棠出現，可是他好像不太認得我了，呆了一會兒才急著搶話。聽說這段時間，老爸每天都帶他去走夜市，可是他還是哭著要找媽媽，像個小可憐。

我問恬恬，妳有想我嗎？她點點頭：「我都畫你們，放在枕頭底下。」她畫了一封家書，還用注音拼上生平第一次和父母分離的思念：「爸爸下次你去『葛藍莓』，可不可以帶我去？弟弟每天都很乖……」滿滿整張紙。我傻住了，問老媽怎麼都沒告訴我？她冷冷丟下一句：「你們又沒打電話回家！」我心中堆滿了歉疚，我明明是那種孩子開心我才會開心的老爸，每次有演唱會、記者會，我會捏把冷汗把孩子夾帶到後台、甚至前台，讓他們看看爸爸都在做什麼，這樣的我，怎麼捨得拋下他們去逍遙呢？我，一家之主發狠、發誓：我要帶孩子們去猛旅行、猛看這個世界，一個都不能少！

這還得回溯到那難熬的頒獎典禮。當我如坐針氈，心臟狂跳到不知所措，我試著鎮定自己，做了一個小禱告，其實我沒有信任何宗教，但是來到美國，我很自然地祈求：「上帝啊，我實在太害怕，可能也太懦弱了，麻煩祢讓我做個交換好嗎？不用給我任何獎，但是請讓我每年都來吧。」我也知道自己既貪心又賴皮，但是不管了，祂是神啊！

我的祈禱真的如願了，上帝一定也愛我吧，之後三次入圍，我都把全家五口「打包」遠征。一位熟悉葛萊美獎生態的記者告訴我，我缺少大型唱片公司的造勢運作，得獎機會微乎其微。好吧，那我更是想開了，每一年，我都找上帝打交道，「親愛的上帝，棠棠還想來……」我告訴自己，獎項、頭銜是寫實的記號，但全家一起回到老地方，卻是抽象、無可名狀的美好，如果只能二選一，我選擇綿延不絕的抽象美好。

三個蘿蔔頭加入的旅途，浪漫和甜蜜變少，賭氣和哭鬧來填補；然而，當我在公路旁的小旅館早早醒來，看見一張大床上，所有人互擠到翻過去的豪邁睡姿，我的快樂天堂好像更完整了。

喜歡就再去一次

幾度葛萊美之旅，我養成一種外人看來很奇怪的習慣，不管是從紐約、邁阿密或是舊金山進美國，我一定要兜一圈回來重溫加州一號公路，也一定要去Solvang探望賣咕咕鐘的老先生、一定要到舊金山逛老唱片行，到漁人碼頭買一艘帆船模型。新景點可以增加，但舊路線必須複習——好啦，說穿了有一半是因為我和舒華不擅長做功課。複習偶爾也會膩，記得第三次到舊金山，叮噹車開到了九曲花街，司機都已經拉鈴，舒華忽然說：「這次不要下車好了？」我哈哈笑了出來，其實我也喜歡這種「飽滿到不用去」的充足感！

舊地重遊，有更多時間走進小巷弄裡發現驚喜。我收藏了沿途小鎮旅館提供的手繪鳥瞰地圖，上面除了地標，還畫了可愛的帆船、飛鳥、森林。我打算哪天把它們裱起來變成一面牆。即使每次見到美國，總是寒冬二月的蕭瑟景象，在我生日的季節，還得裹著羽毛衣看棕櫚樹被海風吹得頂不住，但這絲毫不影響我對這裡的喜歡。

再次開上加州一號，熟悉的路樹、光影倏忽而過，我篤定地默念：「第、四、次！」往前走不回頭。然而這一晚，我在交接國道一〇一的山路上來回開了五、六趟，卻怎麼也找不著 Solvang 的指標。半夜一點多，後照鏡裡，沒吃晚餐的孩子們已沉沉睡去，舒華也撐不住了，我終於放棄堅持，開進交流道旁一家純白的旅館。第二天早上，神清氣爽再上路，沒想到才開十五分鐘，就看見 Solvang 的指標出現在右手邊。原來我每次都只差一點點就急著掉頭了。

進 Solvang 之前，會先路過一家漢堡王，我問棠棠還記得這裡嗎？他說：「不要再講了啦。」四年前，愷愷在這裡咬了棠棠的漢堡一口，把棠棠急成了淚人兒，成了爸媽時常懷念的趣事。再次走進咕咕鐘小店，正在修理零件的老爺爺抬起頭來，從他的笑意，我知道他還記得這家人。兩年沒見，一切如舊，只是老爺爺更老了些，不過，或許他也是這麼看我的吧。

告別丹麥鎮的時候，我心想，二十年後再回到這裡，會有什麼不同呢？那時，會是我的孩子帶我回來嗎？

紐約

模範生變成七彩美國人

「蕭青陽，葛萊美獎對我們不重要，可是你對我們很重要！」第二次入圍葛萊美獎之後，野火樂集的老闆熊姊，在部落格上發表了一篇給我的公開信。她把這些年我們合作的慘烈史生動地寫了出來，從出外景時總為細故嘔氣、熬夜改稿時互撂狠話，到拖稿中還提議去跳蚤市場尋寶的要命瘋狂，以及這些拉扯如何成就了惺惺相惜的信任。

讀著怨念和祝福交織的這封信，我知道，她是擔心我因為葛萊美而變了個人，她希望我永遠是那個「任真」的蕭青陽。

出版上一本書時，我曾和經紀人商量，與其特別找某位名人寫推薦序，不如把熊姊這篇有感而發的大聲疾呼放進書裡，雖然這提議最終沒有成真，但我時常提醒自己莫忘初衷，更不要忘記曾幫助過我的人。

第二次入圍，我的小孩也迎來了他們的第一次出國旅行，帶他們參加頒獎是我的私心，去迪士尼看卡通人物才是他們的願望。廣納親友建議之後，我決定提前出發，利用孩子的寒假加上請假，先到紐約啃啃大蘋果，再回歸風光旖旎的加州海岸。

到紐約的第一件事，是拜訪我的一位高中同窗。他是和我一起製作畢業展的八人小組之一，也是那種每學年都會領到一本字典的模範生。畢業後，他選擇出國念設計，拿不定主意去哪裡，還問了我的意見；在紐約、倫敦、東京之中，東京先出局，而當時留學歐洲的人少，花費又高，我鼓勵他去大而化之、直線條的美國。

於是，他早早就成了美國人，在開放的紐約脫掉了身上的舊包袱，做回七彩線條的自己，也找到了親密愛人，把台北拋到了九霄雲外；所幸，隔著千山萬水，老同學友誼仍在。他的夥伴是位律師，有了他倆的專業協助，我很順利地在美國成立了唱片品牌，發行了那年入圍的《我身騎白馬》專輯，後來還協助過其他台灣唱片在美國上市。

紐約客的黑色美

紐約是二十四小時開放的世界出入口，每天一堆人湧進來，一堆人擠出去，而我特別為紐約街頭的黑人文化吸引。街頭藝術家至少有一半是黑人，而遊民之中黑人比例更高，有些遊民弄來一輛好市多尺寸的大推車，車籃裡堆滿撿來的物品，自己則睡在推車下的「夾層」裡。他們通常待在公園或大樓邊，到了晚上只見一團黑，難以分辨推車裡有沒有人。第一次到舊金山，我們的旅館在黑人區邊緣，大清早就看到一種奇景，好多走出門站在路邊，好像也沒打算做什麼，只是一種無所事事的合理群聚。凰伶姊在洛杉磯就發現我喜歡觀看社會底層生活，特別警告我千萬小心，不要亂走亂拍，讓自己誤入險境。

我愛看黑人，是因為羨慕他們的身體律動和藝術能力。在超大的Tower唱片行搭電扶梯上樓，四面環顧，你會覺得紐約雖然繁忙到摩肩擦踵，但它真是愛音樂的。好多黑人戴著耳機，自顧自擺動著身體，樂在個人的移動小宇宙裡。耐人尋味的是，幾乎沒看到白種和黃種人這麼放得開，如果有，大概會被當成有點瘋癲的人吧。我深深覺得自己也屬於血管裡流著音樂的族群，我喜歡這種旁若無人的表露，即使被界定為低下階層又如何？在台北，我早就被無形的規範磨到、縮到沒有律動了，還得安慰自己「這樣可以了」，好不平衡啊！

在人種如世界地圖的紐約，我觀察，黑人們上街，總喜歡把自己穿得更黑。所謂黑人的膚色也有黑、咖啡、可可亞、古銅色、蜂蜜色等色調濃淡之分，甚至可以區別得更細，愈是社經地位高的黑人，愈能從他們身上的漸層看出講究，譬如襯衫穿的是比膚色淺一點的灰黑，西裝外套則穿上最深的全黑。他們有意地讓膚色成為美感的利器。

喜歡神祕魅力的不只黑人自己，冬季的紐約街頭，所有人都是一身鴉雀無聲的黑，連配件也是墨鏡、黑圍巾、黑指甲油。人群中，經常只有我們一家是紅豔閃亮的，其他人選擇用香水取代衣裝的色彩。雖然紐約客大多也是外來客，但是這座民族熔爐培養默契的速度夠快，「一片黑」彷彿是都市計畫的一部分，而人人配合著築起這道風景。說到這兒，我這個夾腳拖台客想舉一反三：以後大家別再說穿拖鞋搭捷運不禮貌了，台灣的夏天，拖鞋就是適合我們的風景！

提起黑人，總有人愛問：「他們不就是以前非洲來的黑奴嗎？」但也有人大聲疾呼，「黑人」是歧視的詞彙，應該改稱「非裔美國人」。美國至今仍是區域和階級可劃上等號的地方，真正的種族融合始終還是夢想，但是，經過上百年的薰陶默化，黑人在音樂上已經征服全美國。

參加了幾次葛萊美獎，我發現，世界音樂的類別，總是非洲國家入圍最多，為什麼東方的音樂這麼難被提名呢？苗族的蘆笙、蒙古的馬頭琴或台灣原住民的歌聲也很精彩啊！我爸說美國站在全世界的高度，可是我覺得，葛萊美獎有好多獎項和非洲連結特別深。我的解讀是：來自非洲古老而節奏強烈的樂種，對美國人、美洲人有一種大地母親原始呼喊的共鳴。典禮上，我對孩子說：「你們聽，蕾哈娜今年的專輯有好濃的非洲風格喔！」這是美國最讓我喜歡的地方，在形成新的文化之際，他們會把原始文化也匯注進去；反觀我們或許仍處在過渡時期，好像不夠自信，怯於挑戰將嗩吶、鈴鼓、梆笛、二胡這些傳統樂器更全面地放進音樂作品裡。

街頭藝術何必申請

街頭表演興盛的大城市不少，但紐約的街頭有大量的爵士樂，這感覺真好。爵士是吸納多種元素、真正在美國形成的樂種，和千禧年後大為盛行的饒舌樂一樣，都在紐約這個現代藝術之都開花結果。

走在中央公園，經常遠遠就聽到薩克斯風吹奏著即興曲調；晚上到酒吧，還可欣賞許多有行頭的專業表演，精緻度令人歎服。我觀察吧裡的客人，忽然有了醒悟：這些熟練的觀眾其實不是來看表演，而是來享受自己的。我可以從肢體舞動和眼神判定，他們有多麼陶醉其中。全場好像只剩下我還在觀賞別人，看來我也該學習享受，不能因為當觀察者太久，自己拉不回享受裡。

走出台灣受到的衝擊，讓我在回到工作之後，自覺對於藝術的表達形式和可能樣貌有了更多了解；音樂之美，不只在於表現的能力，也在於欣賞的狀態，這一點，台灣還在學習中。關在國家音樂廳正襟危坐聽爵士，即使台上再精彩，台下就是憋著不爽快；反而台中綠園道上的爵士音樂節就成功了，因為台中人自發地在旁邊圍幾桌烤肉，這樣聽爵士有對味；還有福隆的海洋音樂祭，約三五好友挖個沙發洞，喝啤酒聽搖滾，這也對味！音「樂」就該有舒服享「樂」的情趣呀！

我工作室對面的四號公園裡，曾有位女士來彈奏豎琴。她用汽車把琴載過來，在廣場噴泉邊站著撥絃，除了自我練習外，一定也有分享美妙之意。我聽著恬靜的琴聲，不禁讚歎：「住在新北市的公園邊真好！」結果她才來了三次，就被忽然出現的警察帶走了，從此我沒有再看過她。

我在中央公園反覆想著這件事：為什麼一個人想用藝術表達自己，竟是這麼困難重重呢？在台灣，除非你領有街頭藝人證，並在限定區塊裡表演，否則就算只是想抒發胸臆、自我陶醉，你還是可能被取締。所有規範的目的不外乎方便管理，問題是，誰能決定、又用什麼標準決定是哪幾個人有資格領證、表演呢？

在人來人往的紐約，街頭表演是隨興、自然的，不必申請，只要有自信，誰都可能一鳴驚人。我曾在紐約地鐵藍線和紅線的轉乘區，看見一支中學生鼓號樂隊表演，旁邊搭配霹靂舞秀；在奧地利的街頭，天才少女盧葦想停下腳步拿出小提琴拉一曲，哪裡需要擔心合不合法，路人只會給她讚美和打賞。多麼可惜，台灣的公園、港邊、地下道遺失了即興的藝術，是我們的人文素養差到不配擁有呢？還是我們已經脫離自然太遠了？

文創在城市歷史中

在紐約亂走亂玩，我們一家是很需要祕密基地的，除了艾麗絲島的自由女神之外，每次必去的地點還有格林威治村的花生奶油公司，我們暱稱它為貓王餐廳。這是攝影師陳建維的強烈推薦，他說這家店連 Discovery 頻道也介紹過，還在發育的人都喜歡。實際上，名氣很大的花生奶油公司是一家寶藍色的小店，販售十種不同口味的花生醬，但以現場供應貓王愛吃的香蕉花生醬蜂蜜三明治聞名，這款濃郁的食物就取名「The Elvis」（貓王全名 Elvis Presley）。上述材料還可打成冰沙，保證今天喝完明天滿臉痘痘。近年還有一款花生醬肉桂蜂蜜貝果大受歡迎，是以脫口秀天王傑瑞．桑菲德（Jerry Seinfeld）命名，因為他是這家店活生生的常客。

在我眼中，美國食物就是圓形、三角形、四方形的排列組合，而漢堡的分別就是大和更大而已，實在不懂我家小孩怎會巴不得一年三百六十五天的三餐都吃這些東西。但話說回來，美式餐廳的歡樂氣氛，不只青少年喜歡，我也喜歡。美國人特別善於把文化和流行娛樂綁在一起，地標都變成搶手商品，而商品又成為地標。明明是帝國大廈，變成了金剛大廈、金玉盟大廈；明明是克萊斯勒大樓，變成蜘蛛人大樓、世界末日大樓；瑪麗蓮夢露裙襬飛揚的地鐵通風口，是好幾代全球影迷的朝聖景點；經典的布魯克林橋，一百多年來以不變應萬變；六〇年代的拳王阿里，每一年都還有人為他出版新書。仔細想想，紐約的「文創」不都是歷史的沉澱嗎？為偉大的建築說一個故事，為鍾愛的明星設計一道菜，讓全世界都看見。反觀台北，你不會遇到白光，也不會遇到三毛。我們好像永遠只想著發展進步，永遠都在汰舊換新，隨時等著蓋，隨時準備拆；故事在哪裡呢？

高可能是一種落後？

對於曾經做過建築大夢的我，朝聖紐約知名建築也是這趟旅行的重點，我幫它們一一取名：這棟是「金剛大樓」，那棟是「明天過後圖書館」，那邊還有「博物館驚魂記」。棠棠最捧場，愛看又愛問。他似乎遺傳到我的興趣，從小就愛聽各國高樓的故事，小學二年級之前，他認為世界上最偉大的，一個是他爸，另一個就是台北一〇一。那時，棠棠擔心著一〇一的世界最高樓頭銜會被別國搶過去，常常問我，我們現在排第幾？杜拜塔什麼時候會超過我們？

我回答他：「有時候，高也是一種落後喔，有沒有比矮、比遜的啊？」這問題可能有點深奧，超出他的理解了，他覺得我故意開玩笑挑釁他。「齁，爸爸你不要再搞這種了啦！」

我們家的孩子可能會覺得爸爸天生有一種愛作對的性格，去問爸爸問題，經常會得到有點尷尬、好像又有點道理的答案。其實我不是不想投其所好，我只是想訓練他們養成獨立思考的能力，頭上長出懷疑、反駁的天線，不被單一價值蒙蔽。我相信，當棠棠看過愈來愈多的建築風景之後，可能不會再記得我是怎麼挑戰他的，但是他會理解「高也可能是落後」背後的思考。

哈林區的炎黃子孫

前兩次紐約行，印象中城市基調就是黑，第三次到紐約，天空飄了一分鐘爆米花似的雪珠，聊勝於無，但小孩已經興奮得大叫；第四次到紐約，終於遇上了大風雪，紐約客像躲雨一樣急速走避，很快地，整個城市成了閃亮的銀白世界，除了觀光客以外，所有人迅速換上了雪靴。會下雪的城市，對雪有各種玩法，公園裡的許多樹幹上，都黏了雪塊拼成的圖案。很多關於雪的比喻，只有來自雪國的人才懂；至於看到下雪的激動心情，大概只有熱帶的人們才理解了。大雪之後的每一天，棠棠都蹲在路邊做雪球，做好就往我們身上K，做到兩邊臉頰凍得通紅了他還捨不得罷休。

這一天，我們走到中央公園北邊，路上黑人變多了，旁邊的房子也殘破不少，原來這裡已經屬於哈林區的邊緣。正在覓食今天的早午餐，也路過了幾家漢堡店，但我好想有其他選擇。忽然看見馬路對面有一家店名附注漢字的小餐館，走近看，寫的是「蜀湘園」，應該是四川湖南料理吧。店招舊了，玻璃窗也霧濛濛的像是幾年沒洗，門上還有噴漆塗鴉的痕跡，說是餐廳，卻連一張座椅都沒有。別人看了可能覺得骯髒、不安全，但我的反應是好高興，肯定能吃個便宜餐了，而且是中式的。我跑回頭，拿出爸爸的威嚴說：「走，今天我們吃這家！」

推開灰黃的玻璃門，等候區和廚房之間只隔了一道夾板牆，牆上開了一個拱形的洞，有位黃種人廚師正在洞裡炒菜。我是個愛搭訕的人，連坐高鐵也不忘和推車小姐抬抬槓，所以派我打頭陣，首先測試中文：可以點餐嗎？「是，是。」

廚師說，今天是週末，只有他一個人，所以比較忙一點。聊天高手舒華也來和我一搭一唱，得寸進尺地愈問愈多：你來美國多久了啊？「十幾年囉！」是美國人了嗎？「是啊，十幾年了嘛！」有幾個小孩？「三個。」為什麼外頭不擺桌椅呢？「以前常被黑人破壞啊，之後乾脆就不擺了，省麻煩。」

有客人進來點餐外帶，我們的聊天不時中斷，我看著中年廚師的模樣，瘦瘦乾乾、皮膚偏黃，很像我家以前的麵包師傅，是不是做吃的人們特別容易長成這樣呢？

按照我和舒華的個性，再聊十分鐘，可能就進廚房幫忙了，我們克制著不這麼做，但是半小時內，還是把人家的背景調查得一清二楚。原來廚師離婚了，現在一個人帶著三個十來歲的小孩留在紐約。問他想不想回去中國？他說：「就已經住這邊了嘛。」出來不容易，回去也難。

他一邊不停手地炒著菜，我一邊問，一種洞裡洞外的對比與投射油然而生。他帶著三個小孩在紐約落地生根，只為求得更好的生活；而我帶著三個小孩旅遊到此，偶然地與他交集，互相加油鼓勵。我的家庭圓滿，但他的家少了女主人。我心裡說著三個字：「辛苦了！」

煎餃、炒飯、炒麵，都用保麗龍便當盒裝著陸續送出來，每一道都堆得那麼高、那麼尖，像座小山。也許是炎黃子孫的人情味，也許是鮮少有客人陪聊這麼久，或者是看我帶著孩子克難旅行的感同身受，蜀湘園的廚師用豐盛的飯菜餵飽了我的小孩，我們一家五口站在門邊，這一餐吃得好過癮、好感動。

美式愛情電影的默契

還是那一天，吃完午餐，整個下午都在中央公園玩雪，傍晚時分，走著走著，我好像迷了路，回頭一看，舒華和恬恬不見了。

這下糟糕，我的手機電力耗盡，聯絡不上舒華。天色已暗，在公園等下去也不是辦法，我決定不找了，帶著愷愷和棠棠，沿著第七大道，走到接近時代廣場的M&M巧克力專賣店去。

聽起來我這個人很不負責任，把太太搞丟了也不著急，其實，我是認定我們有夫妻和情侶間的特殊默契，舒華一定會找到我的，就像老情人會在家鄉的老樹下重逢一樣。雖然沒說要來這裡，但這棟大樓的M&M門市，是我們全家一起來過，而且孩子們特別留戀的地方，根據念舊、喜歡重遊精選景點的家庭特質，我有信心，舒華一定會找到我們，所以進店裡之後，我和兒子們就奔向巧克力球拉 bar 了。

大約一個鐘頭後，忽然愷愷喊著：「是媽媽耶！」果然被我料中，舒華和恬恬出現了！有這種家庭默契怎不令人感動啊，我想衝上前去給舒華一個大大的擁抱，告訴她，妳看，我們就是夫妻，我們心有靈犀，我們緣定終生。我腦中閃過了好幾部美式愛情電影的經典畫面，可是，我張開的手臂卻沒有抱到老婆，因為她整個人氣炸了，不但不肯給我半點獎勵，還劈頭痛罵了我一頓。老實說，我有一點失望，不過，我當然也明白她是因為緊張過度、又急又慌，「擔心轉生氣」了啦。

用節省一點交換玩久一點

來到紐約，我的旅行風格就是大街小巷隨興亂走，有時走到另外四口都不想跟著我這個過動兒了，黏在咖啡店椅子上不動以示抗議，也好，那就再坐一會兒享受咖啡吧。

雖然我敢於把全家領出門玩很久，但我的旅行方式其實是勇敢中帶著保守、隨興中帶著重複的。我曾在泰國曼谷著名的背包街考山路上，見識過老外玩家隨遇而安的灑脫，給我很大的鼓勵，旅行可以有多種樣子。

這幾年網上興起「交換沙發」的風潮，我看到德州有人一次提供沙發客單人臥鋪、沙發和衣櫃三種選擇——什麼，睡在衣櫃裡？是啊，主人都願意了，客人有何不可呢？

在紐約，我們一家就是背包客，住在需要自己扛行李箱上三樓的小旅館，吃著簡單的食物，不管晴雨雪，腳上就是一雙好走的鞋。舒華會幫我向孩子們溝通：「我們這次出門一個月，爸爸說總花費不能超過二十萬，所以我們吃飯都要省一點喔。」

許多人的家庭旅行模式都是跟團，天數有限，行程滿檔活像車輪戰，重點是住得舒適、吃得好。我選擇相反模式，用節省一點交換玩久一點，用玩久一點交換沒有行程表的優閒。有時全家摸到接近中午才出門，也不在意去昨天才去過的地方玩。隨興會帶來一點擔心，重複又帶來一些安全感；把永和河濱公園跑步的感覺，搬來中央公園試試也不錯。在不同的時空，同樣感受生活。

聽到我來紐約四次就去了自由女神四次，買了五座女神小塑像，我的老同學和他的夥伴一起大笑，我覺得，他們可能是笑我，但也可能是笑自己，因為那位夥伴在紐約出生至今已年屆半百，還沒上過艾麗絲島呢！

佛羅里達

唱片圈朋友超熱情

當我以吳晟《甜蜜的負荷》三度入圍葛萊美獎，一群唱片圈朋友相約喝杯小酒，開音樂教室的韓羅賢告訴我：「蕭青陽，你不要再去LA的迪士尼樂園了啦，最大的迪士尼『群組』在東岸的奧蘭多，叫做迪士尼世界，你家有三個小孩，應該去這裡！」他講話的架式完全像個美國人。適合我耶！每次有人這麼說，我就馬上動心了。

唱片圈的朋友果然都是不用睡覺的熱血份子，我才提出第一個問號，韓羅賢已經寫完了所有句點。他打電話來：「我要跟你講怎麼去啦，地圖都準備好了！」他約我到一家音樂人愛去的小餐廳，點了好吃的稀飯，然後拿出一疊資料；他何止把地圖準備好而已，他把每一個城市的每一天行程全規劃好了，他甚至打點好自己姊姊家給我們住，還安排姊夫來接機！

原來韓羅賢曾在佛羅里達住過十幾年，他的小姊姊一家現在仍定居於佛州北部的歷史名城聖奧古斯丁（St. Augustine）。他建議我們在這裡優閒地住上幾天，接著到奧蘭多遊迪士尼和甘迺迪太空中心，之後往南開到陽光熱浪的邁阿密和美國本土最南點Key West，拜訪海明威故居。他形容，美國是個「數字化」的簡單國家，只要你會認號碼就能去美國旅行，編號奇數的國道都是南北向，偶數則是東西向，數字由東到西、由北到南變大；而招牌上有著斗大數字的連鎖旅館都很便宜實惠，看見Motel 6或Super 8儘管開進去，而且絕對有房間。所有我喜歡美國的原因他都說出來了，擔心的事也都幫我考慮過了，連進太空中心幾分鐘後遇見扮裝的太空人，他都算好了！

有了韓羅賢的傾力相助，一家人飛向了佛羅里達。小姊姊家有幾棟別墅和小屋，她把一棟房客剛退租的豪華別墅借給我們住。姊夫平日在房地產公司上班，但占掉他更多心思的，是在附近一座知名高爾夫球場當志工，以維持球場的會員資格。我們參觀了這座直屬於PGA的世界高爾夫球村（World Golf Village），發現體育新聞常說的世界高球名人堂（World Golf Hall of Fame）就在其中。高爾夫迷來到這裡一定興奮極了，可惜我對這項運動不熟，看著牆上掛滿年度冠軍跳進水裡的歷史照片，才知道高爾夫還有這麼好玩的傳統。這一帶是鱷魚很多的區域，很多景點都掛著選手在打球、一旁鱷魚出沒的趣味照片。

這裡名聲最響亮的還不是高球名人堂，而是離小姊姊家更近的聖馬科斯堡

（Castillo de san Marcos）。原來聖奧古斯丁是北美洲最古老的城市，十七世紀時，殖民此地的西班牙人為了抵禦英軍攻擊，在海邊建造了這座方形、有四個星芒的堡壘，城牆用貝殼搗碎摻進砂礫和石灰砌成，異常堅固，至今屹立不搖。佛羅里達歷經被西班牙割讓給英國，又在美國獨立後短暫重回西班牙懷抱，待西班牙國力衰退後，最終割讓給美國。如今，歷史上的先來後到、你爭我奪早已雲淡風輕，只留下大西洋畔一個古樸而令人發思古幽情的國寶級景點。

漂亮、漂亮和更漂亮

小姊姊家後方是一條水量豐沛的溪流，家家戶戶都有小船，春夏季魚群豐美，聽說韓羅賢以前天天都去釣大魚。小姊姊的兒子帶我們到海邊散步，平緩的沙灘上遍布海星、沙錢和大型貝殼，每一枚都很完整。路邊的房子都是維多利亞建築，每一棟都造得氣派優美，草皮維護完好，散發出與西岸不同的傳統氣質。姊夫告訴我，這一帶沒有地震，颶風也不嚴重，即使蓋三層樓別墅也不需要打地基，我想，這大概就是傳說中的「南方安逸」吧。

可是，這裡的每一天都是一樣平靜無波，才住不到一週，已經足夠我理解華僑成為美國人之後的安定生活。雖然擁有豪華別墅，小姊姊選擇住在舊房子裡，外觀是西式的，但客廳的擺設是台式的，冰箱上貼滿中文字跡的明信片；姊夫每天去球場幫忙撿球，姊姊每天收看台灣的電視頻道。在台北，我常告誡小孩不要老是看電視、玩電腦，可是，這想法在這裡逆轉了，電視和電腦原來好重要，它們讓人不那麼無聊。

走到哪兒都漂亮，但漂亮和漂亮和更漂亮之間，卻是一成不變的單調。該怎麼形容呢？就像你從永和開車到三重，再從三重開到蘆洲，因為沿路所見全無分別而視覺麻痹，是類似的感覺。

我想過，如果我長住在那裡，一定不想做唱片設計，甚至不想工作、不想努力，因為已經萬事俱足了。好吧！所以可能是住在台北縣或叫新北市這個處處鐵窗、烏煙瘴氣的地方，才讓我懷有強烈的夢境和世界大同的唱片理想？現實中的缺憾和貧乏，藉由設計時的虛擬想像、典雅編排及各種講究來完滿，是這樣吧！

只是，我不得不承認，美國的一成不變終究還是美的，但台北的街景真的不美，空氣真的不好；至於是不是全世界最醜的？……我覺得，和開羅還挺像的！

太空船升空，救命！

當韓羅賢告訴我，迪士尼世界每晚的煙火，都比台灣國慶煙火還壯觀，而迪士尼電影片頭旗幟飄揚的灰姑娘城堡，這裡有一個真實版。我心裡想的是：好害怕，我又要進入一個暈頭轉向的世界了。

告別了溫暖的小姊姊一家，我們來到地表上最大的歡樂生產地，第一印象竟然是：坐輪椅的人怎麼那麼多？洛杉磯的迪士尼沒有這樣啊！再仔細看，這些人都是胖到走不動才坐在輪椅上。他們的塊頭龐大、皮膚慘白，我和孩子們同時想起了皮克斯的動畫電影《瓦力》。片中的人類，膨脹得像顆大水球，移動要靠輪送帶，眼睛只看螢幕，手一伸就是可樂，旅行和戀愛都在人工智慧浮椅上完成。我忽然懂了，那是諷刺美國南方居民吃速食吃到極致的樣子！好萊塢娛樂工業經常生動描繪出某一類人的形象，只是，隔了一層的其他國家觀眾，未必能察覺創作者的用意。

這一天，我們前進最有教育性的艾波卡特（Epcot）園區，重頭戲是完成「太空任務」（Mission: Space）。這個造價三十五億台幣的遊樂器會讓你以為自己真是太空人；說得專業點，它是模擬太空船從升空到降落火星的一項設備，先以高速旋轉的離心力讓乘坐者體驗超過兩個G的重力，接著進入外太空失重狀態。「爸爸我怕！」我又被推上前線了，據說，如果我不陪愷愷坐的話，我們家其他成員也不敢坐，為了追求刺激的青春期少年，老骨頭只好拚了。五、四、三、二、發射！我被人工幻覺彈上了太空，赫然看見了全世界，一陣天旋地轉，我被重力擠壓變形，然後，就在執勤中鞠躬盡瘁了。

一爬出這個太空恐怖箱，我直奔廁所狂吐，這裡真的是迪士尼嗎？怎麼辦？這才是第一天而已——我們在園區外的便宜旅館，租了一個禮拜的房間！

第二天早上，我居然賴床了，舒華叫了幾次都叫不動我，「你到底好了沒啊？我們不等你了！」她的個性很直接，既然看不慣我吊兒郎當的樣子，那就直接忽略我的存在。其實我也知道，一旦她帶著小孩坐上那班八點的園區接駁車，我和他們四個今天一整天都不會碰面了；可是，我還是沒趕上那班車。我們一家是走到哪兒都要黏在一起的，不過，既然我今天不小心放空，那就享受一人世界，練習亂拍照吧。我信步閒晃到一片雜草叢裡；脫掉上衣躺著晒太陽，感覺不賴，可是也只打發了二十分鐘。那一天真漫長，我東拍西拍，走遠了又回頭，心裡記掛著：他們還在天旋地轉吧？

台北的天色到了黃昏總是粉紅色加上許多灰，但這裡的天空從早到晚是萬里無雲的藍和更藍，藍到盡頭透出暗紫色。夕陽的光輝清亮亮的，一整個像是休旅車廣告，我花了好多時間拍下這個藍色漸層，直到天色完全暗去。慘的是，我走回旅館才想起身上沒有房門卡，只好耐心坐著等待妻小，畢竟是我自己脫隊的，又怎能怪他們晚歸呢。枯坐了一個半小時，一大三小總算回來了，孩子們紛紛起鬨：「爸爸你怎麼沒去啊？」「爸爸你今天沒有陪我……」忘了說，我們家有一條不成文的家規：全家一起做的事，如果有人沒做，那一定要重新來過。

第二天我很精實，早早就起床準備了。只聽得孩子們宣布：「媽媽說，今天我們要重玩一次昨天玩過的，因為我們家不能有記憶沒有共享！」於是，我又開始大旋轉了。

奧蘭多的太空任務還不只一項。位在梅里特島的甘迺迪太空中心，是美國太空總署（NASA）過去進行太空梭發射、實驗的重要地點，當韓羅賢拿著地圖指派我來的時候，我心裡還納悶，我們家適合這麼學術的地方嗎？實際到訪，雖然聽不懂長串的英文導覽，但我很慶幸在孩子的成長過程中，曾有一次機會陪他們參觀「只此一家別無分號」的人類科技夢想天堂。從早年的太空競賽到近年的務實考量，太空計畫仍是美國夢的極致象徵，我在這裡得到很棒的視覺享受，各種簡潔、充滿科學感的設計，自有一種震懾人心的美，連海報裱框的方式，都讓我駐足欣賞。

到邁阿密找回費洛蒙

邁阿密果然如影集演的，滿街都是亮麗跑車和俊男美女，這裡離奧蘭多不過三個多小時車程，路上的人身材全變好了，而且刺青客特別多。邁阿密車主們流行把左手擱在車窗上慢慢開，車門還不關，故意留那麼一點角度，就是要給人看。滿街都是太陽眼鏡店，連小雜貨舖裡也有專櫃，最流行的音樂是阿肯（Akon）的嘻哈夜店風。阿肯生在塞內加爾，有著西非人得天獨厚的健美體魄，那年冬天他剛出新專輯《Freedom》，封面是一身黑色窄版西裝加墨鏡，背景則是湛藍大海，比時尚廣告更酷。邁阿密的人好愛聽他的歌，白天晚上都在放，我回台灣以後也常聽，明明節奏很簡單、歌詞超直接，但感覺就是帥到不行。

公路沿著海岸線伸展，許多建築都是白色海浪造型，港邊的郵輪不是來卸貨，是來尋歡作樂的。路邊餐廳的服務生連微笑也要擺酷，海灘上，俊男美女丟開藝文氣質，大方秀出鍛鍊過的身體。我驚嘆，冬天都這麼暴露了，夏天還得了，海灘不知擠成什麼樣子？我下次來之前一定要把身材練好！

放眼望去，整個城市都在耍帥，帥到讓我覺得自己也好帥、舒華也好帥，帥到某種荷爾蒙全都冒出來了。長期居住在一個定點，容易忘記身體是拿來表達感情的。來到邁阿密，男生一定會反省：我的帥氣還在嗎？女生一定會自問：

我的性感還在嗎？這是個要你及時行樂、享受青春的城市，路上男女老少都散發著愛情費洛蒙。我覺得，每個人都應該去邁阿密一趟，重拾自己的意氣風發；我相信，那種魅力其實每一個人身上都有，而且在邁阿密找得回來！

與定格海鷗看對眼

沙灘上，我學老外打赤膊做日光浴，醫生說晒太陽可以補充維他命D，促進鈣質吸收，還能增加腦內啡以避免憂鬱，不過住美國的朋友說得更簡單：晒太陽可以除溼，我們每天都往身體裡堆積溼氣，晒一晒可以讓身體「動」很久。

這裡的海鷗很特別，只要你拿出一塊麵包，牠們就能精準地滑翔到定點，做出穩定的懸空動作，距離近到鳥眼和人眼對看。我請恬恬當模特兒，拍了許多她身後飛滿海鷗的照片，我有個念頭，未來要用這個畫面設計一張唱片。雖然截至目前，我還沒遇到哪個案子概念適合又能出機到邁阿密，不過只要我覺得某個創意很重要，我會盡可能讓它實現。

常有朋友誇我點子酷，問我靈感從哪裡來，其實，我只是喚出了腦中某年某月儲存的定格畫面。堪稱精彩的創意，也許五年中只遇得上兩個，不過，只要能為它們找到好主人，就不難獲得拍案叫絕的掌聲。

要帥的海灘旁，搭配的是整排氣派稱頭的餐廳，消費之高，不是我在地球上的一天付得起的，幸好拍拍門口的菜單、感覺一下氣氛我就心滿意足了，有沒有吃到高檔好料，向來不是我在乎的。離開時髦區，全家打回窮人原形，奔向超市採買晚上八點起打四折的熟食，帶回九號旅館大快朵頤。整盤的雞翅、沙拉、薯條，超大瓶的牛奶、蘋果汁……最令我滿意的是，三個孩子對這種土包子吃法相當捧場。

十字路口奇幻相遇

我們在一個有濃郁古典感的小鎮稍事休息，這裡的圍籬全是小灌木種成的，特別好看，讓我和舒華讚美不停。我站在路邊，看見對街轉角有一間櫥窗精美、擺設很有品味的家飾店，我舉起相機，許久才對到焦，突然發現周遭安靜下來，不得了，十字路口四個方向的車輛全都不動了，直到我放下相機才恢復行進。我愣了幾秒才懂，原來駕駛們怕妨礙我取景，所以主動路口淨空，等我按下快門再走。我起了一身雞皮疙瘩，難道這個區域已經進化到這種境界，人民擁有共同的水準？未免太夢幻了吧！

看看別人，想想自己，我可以確定，台灣是交通不安全的地方，車禍是很多家庭共同的痛。光是我的親人中，大姑、二姑都在過馬路時被車撞而過世，我爸近年身體變差，也是因為騎車時遭汽車撞上，當場動脈斷裂，幸好藥房老闆拿著繃帶衝出來幫他及時止血；然而在手術出院後，爸爸就像瞬間老了十歲，行動和思考也變得緩慢。

那年，我的助理小千也去了葛萊美獎，回到台北，我們才比較著美國和台灣的交通，第二天他就發生擦撞；也是那前後，我在永和中正橋上被右轉騎士狠罵了一句「幹伊娘」，只因他嫌我騎得不夠快。

旅行最可貴的就是交換觀點，換個時空帶來的衝擊，最能映照出自身的不足，「他們能，我們為何不能？」如果能見到交通部長，我想對他說，不必推動有的沒的建設了，先徹底宣導行車禮儀吧。前陣子，有位老外的批評引起了議論：「台灣是個可怕的地方，完全不尊重行人！」老實說，我聽了好爽。真的別再說台灣多有人情味、東方文化底蘊多深厚了，如果連行人優先這麼基本的原則都做不到，談國家水準只是自打嘴巴。

美國行歸來，我開始有意識地禮讓行人，即使後方車主不耐煩猛按喇叭，我也擇善固執。台灣就算不是人人都能去一趟邁阿密進化出等人拍照的好修養，但也不能退化到一上路只剩三字經吧！

給我二十年，我給妳一串鑰匙

佛羅里達州的最南段，是一連串向西南方斷續延伸的珊瑚礁島嶼，以填海道路或橋樑相連；如果把每個小島比做一把鑰匙，那國道一號就是串起它們的鑰匙鏈。鏈子上的明星七哩橋，被稱為世界第八奇蹟，曾出現在多部電影裡，還曾在阿諾的《魔鬼大帝：真實謊言》中被導彈擊垮。這條又長又直的道路，緊貼寶藍色的海平面，我在記憶中搜尋那種藍，想起澎湖的吉貝嶼。

在緯度、氣候相近的台灣，房屋的概念總是嚴肅、凝重的，色調也都是含蓄、不顯髒的安全色；但鑰匙島的島民們不愛那一套，他們蓋的是西班牙風格的小木屋，稱不上最精緻，屋齡也不算新，可是用色超大膽，這棟漆成粉紅色，那棟是粉藍色，還有粉黃、嫩綠、乳白……原來房子也可以活潑奔放！

前方橋面向上開啟、舉高，好讓輪船通行。許多車子加掛著遊艇，海上有點點白帆，天空有廣告飛船，偶有輕航機掠過，噴出 God Loves You 煙霧；愈開愈覺得，我好像到了另一個美國，而且，我找到退休後想住的地方了。

遇見一個白帳篷市集，看上去很不重視競爭，老闆們都只微微笑，沒人出來叫賣，好像一個簡單生活園遊會。有人專門彩繪衝浪板，有人用碎玻璃做出各種藝品，只要你肯DIY，什麼都能賣。我原本就喜歡這樣自由自在、不過分用力的美術，如果我也住在那裡，一定要撿些石頭塗鴉來擺攤。

舒華提醒我，這些市集看起來都是老人在逛，一路上跑車裡坐的也多半是銀髮族，我想起影集《黃金女郎》的主角就是四個在邁阿密當室友的老太太，看來佛州南部不但是度假勝地，更是退休勝地。從邁阿密到 Key West，至少該玩個四天三夜，可惜我們只有一天時間了，當下我許了一個願望，再給我二十年吧，當我已是滿臉皺紋，也要和老婆一起回來，開著敞篷跑車，住上一年半載。

天涯海角，你白來了！

Key West 是最西的一把鑰匙，也是美國本土最南的城市，離古巴只有九十英里，比到邁阿密還近一半。馬洛里廣場（Mallory Square）每天傍晚的日落慶典聞名遐邇，許多老美來到天涯海角，就為了一睹平生沒見過的海上落日。Key West 還有個臭屁事蹟，一九八二年，一群居民因為不滿邊境巡邏局在一號國道設檢查哨，而鬧過一分鐘的獨立，此舉不但成功解除路障，也留下海螺共和國（Conch Republic）的美名，之後每年四月都舉辦獨立紀念週活動。最有趣的是，聽說美國國會也認定，海螺共和國國民可同時持有美國國民身分。

這天下午本來萬事美好，但後座又起了爭吵，我嚴詞教訓了愷愷，讓他很不開心。其實我也知道，出門這麼久、旅程這麼長，真正滿足的是夫妻倆的玩心，十歲不到的孩子坐在後頭，真有那麼愛看人、看風景嗎？那年的美國之旅，哥哥拿到相機就拍妹妹的鼻孔特寫，妹妹哭著要刪掉有她的照片，爸爸提醒刪掉就沒有記憶了，她也聽不進去。孩子在乎的，總是大人眼中雞毛蒜皮的小事。

天之涯地之角，愷愷卻嘔氣不肯下車，實在是沒辦法了，只好由著他，其他「四缺一」去看墨西哥灣的夕陽、瞧一眼已經打烊的海明威豪宅、在美國最南點的地標前拍照。拍完照了，悵然若失，終於有人冒出一句：「沒有全家到齊耶。」

回到停車場，把精華兩小時耗在車上的愷愷也消氣了。「哥哥，你沒拍到美國最南，你白來了！」白來？會不會太嚴重？一家人沒說出口的默契，讓我開著車回到那個地標，再拍了一張真正的大合照。

我的助理柚子曾經強力推薦一部喜劇《RV休旅任務》給我，看她笑得人仰馬翻，我本來懷疑那是一部很笨的片，但看了之後，我發覺它好寫實，不只適合我們家，根本是無數家庭的寫照；羅賓威廉斯演的陀螺爸爸，讓我笑出了眼淚。

我從小就喜歡一群人熱鬧歡樂的情境，不願和朋友分離，長大了個性沒變，只是學會了壓抑。當朋友提醒我：快走吧，還有下一攤！我想著：可不可以把兩攤變一攤？就是這樣的天性，讓我想生一群小孩，把他們變成我的玩伴，名正言順地不與他們分離。舒華聽了可能覺得好笑，但這真的是我的初衷。

直到現在，每天每天，我還是覺得我的小孩好可愛，我時常走到他們面前盯著看很久，看到他們都不好意思。我喜歡欣賞人和人之間的微妙分別，小孩和老人永遠是最迷人的。小丸子的班上，有人長得像洋蔥，有人長得像蘿蔔；老人眼睛的斜角、深深的雙眼皮都是感情，我做了特別多和老人有關的唱片。每張唱片後面都有個主角，我選對了行業，它讓我大剌剌地研究人，這比賺大錢有意思多了。

旅行的意義

第四次到洛杉磯時，凰伶姊帶我們爬上她家後頭的一座小山，山頂的樹下，有個進行了多年的老遊戲，就是交換禮物。最初的發起者是一位常來爬山的黑人，他在樹下放了一個百寶箱，邀請來到這裡的每個人，拿出身上的一樣東西，交換箱子裡的一樣東西。我拔下 iPhone 手機殼放進箱裡，想像下一個人發現時的心情。我好喜歡這個「交換」的概念。

對我來說，旅行就是那個交換禮物百寶箱。裡頭有時空的交換、心情的交換、人生的交換；還有和陌生人的交換、和上帝的交換，更多是和自己內心想法的交換。遇上這個百寶箱，是我做了一千張唱片交換來的福分。

有點年紀的人應該都會同意，生命的熱情並不容易維持。春風少年時，人人都能大聲說出自己的志願，然而年紀漸長，難免歷經挫折失意，一不小心意志力就會熄火冷卻，人也逐漸麻痺、老去。想讓熱情不變冷，靠的是練習，旅行就是最好的練習。

我有幸做著從小嚮往的設計工作，但正因如此，我得付出更多勉強和忍耐，這部分並不如書上看起來這麼美好。老實說，我並不是奮發向上的人，我也常陷入這個算了、那個再說的疲態，尤其關在工作室久了，自己都能察覺整個人逐漸失衡。二、三十歲的時候，我不懂得及時排解低潮；但現在，我學會提醒自己趕快離開台北，出發到下一站。

旅行之所以美好，是因為當中遇見的，大都是咬緊牙根、付出代價，一句「衝啊！」就去做的人。如果你是看到夕陽漸層就想把色票號碼背下來的人，何不再積極一點，直接去感受它？衝了，你就得到夕陽、得到夢幻。就像愛登山的人不會去想爬上去累不累，他想的是山頂的空氣。

青春不是無敵，是來不及

當二十多歲的我還在日日夜夜手工完稿，電腦時代降臨了，我花錢請了一位助理，白天幫忙做稿，晚上當我的電腦老師。回想起來這是個聰明的選擇，而惠我良多的還包括他太太。她曾轉述船長父親的提醒：「全世界還有好多國家來不及去，真的要快一點啊！」我聽了大為震撼，原來溥停靠過無數碼頭的老船長也會心急：每到一個小村莊，都可能遇見新鮮和興奮，這世界還有多少精彩等著他遇見？又有多少地方永遠來不及到達？我驚覺：青春不是無敵，青春是來不及。

船長的女兒成了國際領隊，經常帶團遠遊；時隔多年，相約在舊金山，她陪孩子在美國求學，丈夫留在台灣拚命接工作，支應妻小的海外生活。兩家人約在漁人碼頭，他們打開便當把昨天準備好的飯糰拿出來吃，路上見到什麼都捨不得買，我看了心生不忍，想拿起電話勸我的老友，你讓他們回台灣讀書吧，何必搞得全家這麼苦呢？

但是，那也沒有不好。船長爸爸當年一番來不及的感嘆，啟發了女兒一家，也連帶影響了我。他們繼續實踐老船長的信念，航向遠方的世界；而我，繼續讓自己被催促、被激勵，挑戰原本以為做不到的事。

VILLAGE
IS DEAD

Supreme

FREE
WIFI
Wake Up
SEARCH
PATISSERIE

飛行是犒賞自己的最高境界。

洛城，夢想的光。

The man on the top of the
mountain did not fall there.

交換禮物之後下山，嚼到一張神祕的幸運籤。

再往南90英里就是古巴。

奧蘭多國際街的清晨，霓虹摩天輪都是在清晨6:30熄燈。

午後1:04，前進下一站！

有人在天上寫下對上帝的愛。

搭噴射機離開聖塔莫尼卡。

美國和全世界，在舊金山街頭交叉了。

從邁阿密到Key West，往天涯的盡頭齊飛。

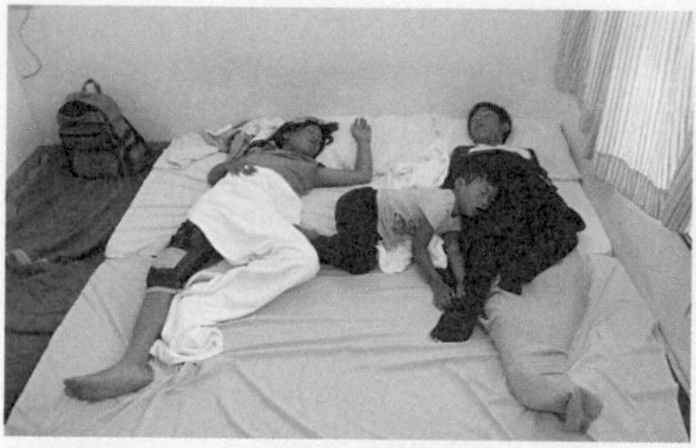

曼谷背包街，門都關不起來的房間。

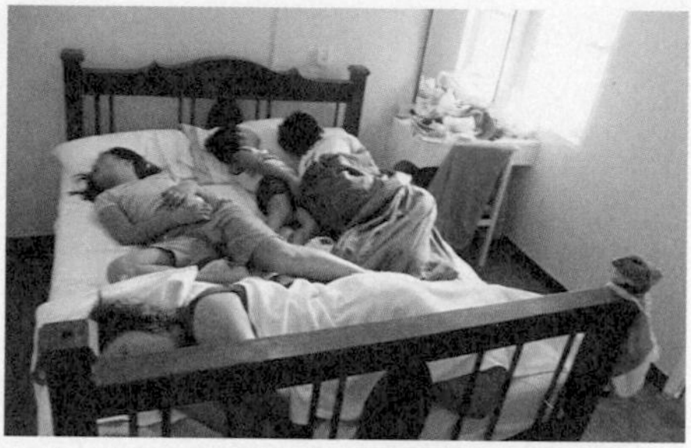

直的、橫的，當爸爸的都是站著。

看斜度和天窗就知道是歐式尖塔屋頂。

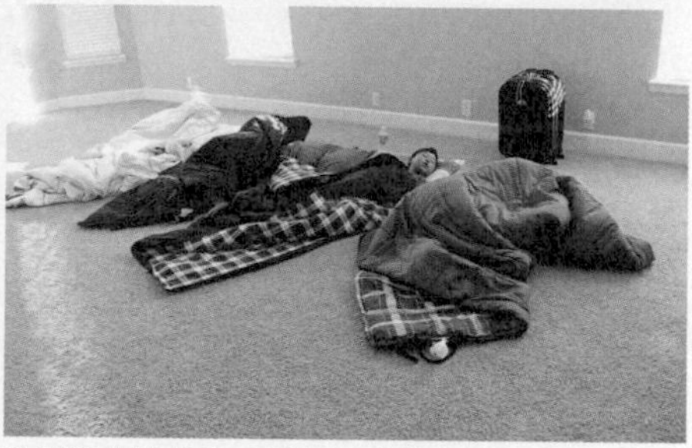

韓羅賢小姊姊家，睡得最豪華的一晚。

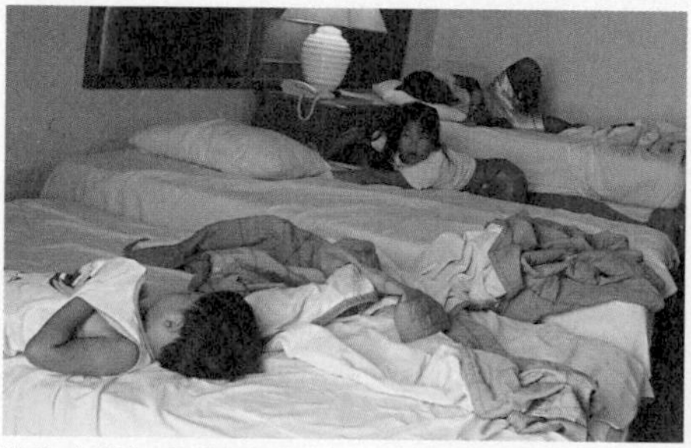

舊金山背包客棧，五人三小床睡法。

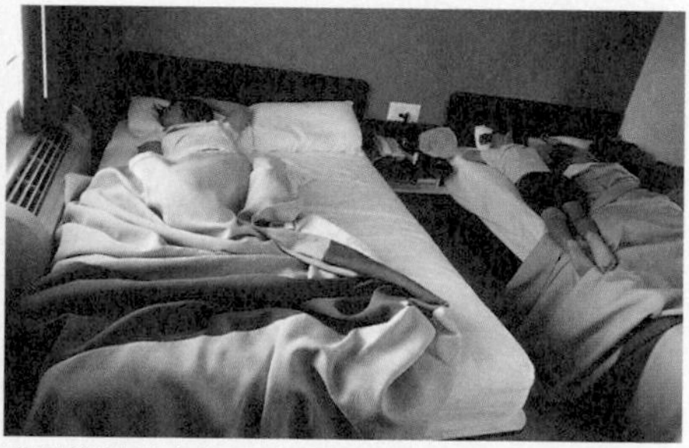

噴過濃濃香水的黑人卡車司機旅館。

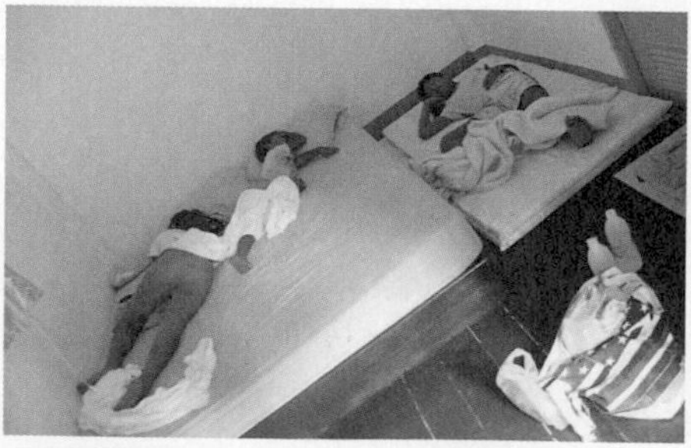

一晚台幣250元。可以多玩一個禮拜！

南加州Claremont的百年蕾絲屋。

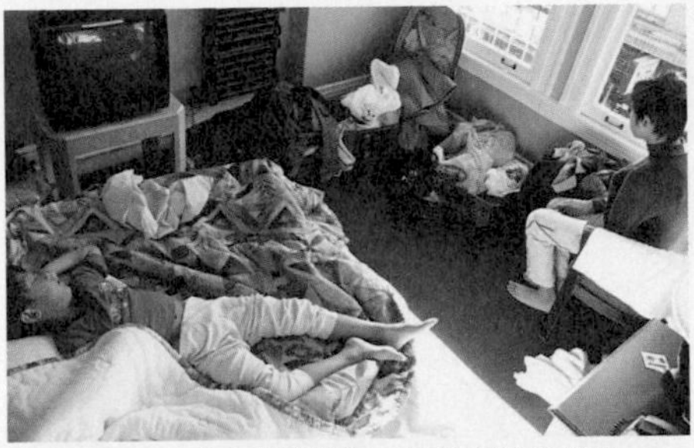

外面好好玩，裡面好難睡。在舊金山斜坡旁。

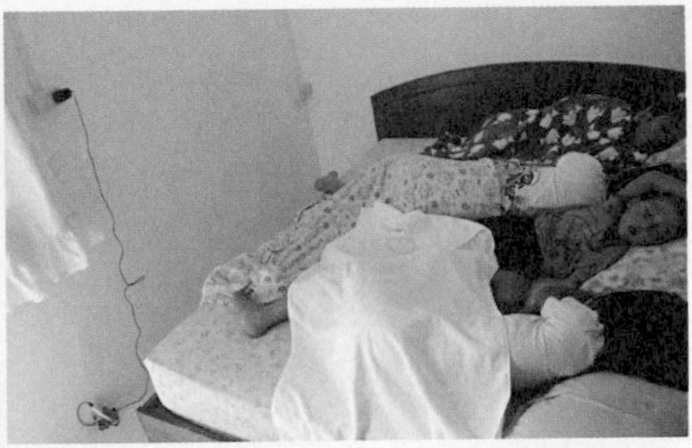

他們都睡著了，我就沒位子了。

半夜屋頂都是老鼠，和一身汗的惡夢。

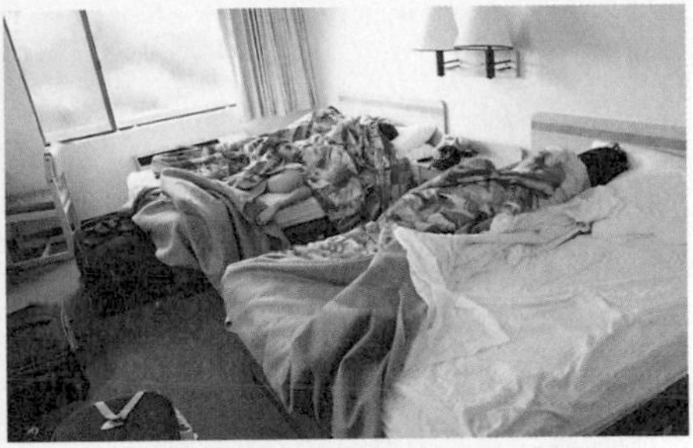

找不到Solvang，半夜兩點仵進路邊9號旅館。

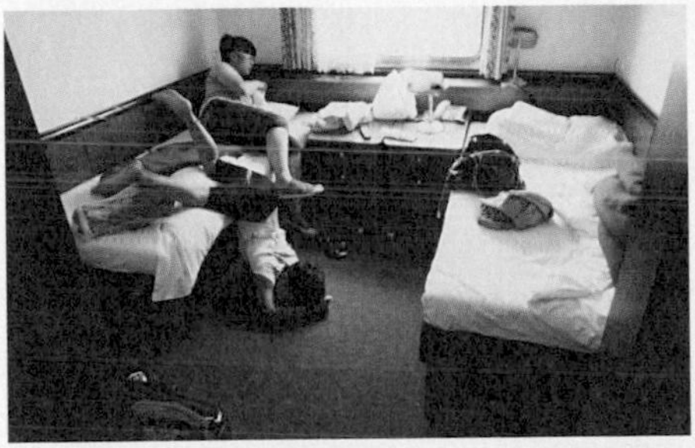

布拉格船上旅館，檯燈搖晃掉下來砸破我的頭。

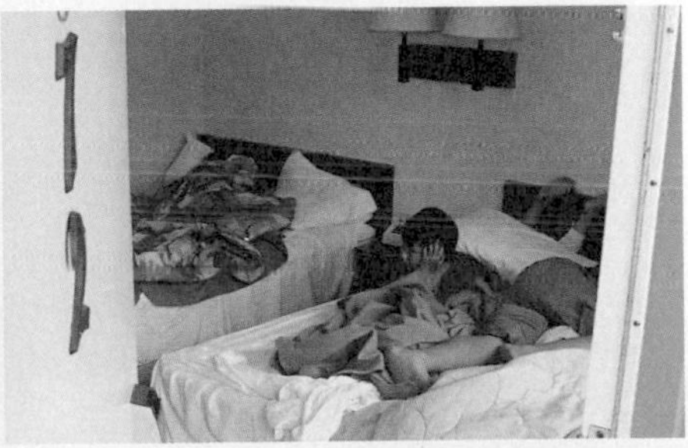

白色的9號旅館，172號房。

走來走去，還是回來背包旅館最好睡。

相機和人，天亮時又將充飽電力。

棠棠在格林威治村的花生奶油貓王餐廳又哭了。

終於進入老是「下次請早」的赫氏古堡。

全家人的祕密基地，在舊金山漁人碼頭旁的巧克力工廠，和紐約布魯克林橋的橋頭。

紐約港邊的金黃色夕陽，和Al Green的〈How Can You Mend a Broken Heart〉。

在賭城脫隊吃到巷仔內才有的雙蛋鬆餅早餐。

如果我可以在地球上蓋一間屋子……

躺在蕾絲屋的浴缸裡，我想出了《故事島》。

咬一口丹麥鎮的巧克力醬青蘋果。

加州一號之旅，終結在倒閉的Tower唱片行前。

2010同年入圍葛萊美，隔年她卻走了。

沒有買，是下次再來加州Cambria小鎮的理由。

中央公園溜冰場櫃台賣的鮮奶巧克力，歡呼！

我是稱職的陪玩高手。好玩的都找我！

我和舒華向住宿櫃台飛奔而去，幸好，「一比一」還好端端地坐在那裡。
就這樣，我們兩個最老的團員，拎著一個黑色不透明塑膠袋回到車上，
裡頭鼓鼓地裝著一隻絨毛玩具。

AUSTRALIA: My Unique Life-size Koala

澳洲：我的無尾熊一比一

人生兜兜轉轉，緣分太奇妙。那一年，當我在新聞上看到台灣有個麵包師傅得了世界冠軍的時候，哪裡想得到有一天我將會和他，吳寶春，結下一段不解之緣。

在《遠見》雜誌主辦的「新台灣之光」記者會上，我對坐在台下的父母傾訴了一段內心話。我這個麵包店的長子，念書不行，又不肯繼承父親衣缽，硬是要去學畫畫，讓父親傷心又擔心了好多年；不過，幸好我堅持了自己的想法，努力成為唱片設計師，今天才能把這個榮耀獻給父母——誰教我真的沒有麵包天分嘛。

稍後，有麵包天分的吳寶春上台了，他也有一段內心話。自幼喪父的他，母親幫人種稻、採鳳梨才勉強養活八個兒女；苦到底的日子，讓吳寶春痛恨屏東田裡的工作，立志北上闖出一片天；只是，當他終於摘下世界麵包大賽冠軍，載譽歸鄉，雙親卻都不在了。藉著今天這個機會，他說，他有個心願想要完成。

正納悶他賣的是什麼關子，他竟然望著我：「蕭大哥，不知道你可不可以把爸爸借給我，讓我抱一下？」我看到我的父親既害羞又大方地走上台，擁住了吳寶春。那一瞬間，全場的人都被感動了。

拒絕爸爸的兒子們

坦白說，我不是個喜歡找爸媽一起出門的兒子，但我畢竟也不是叛逆的青少年了，在這樣的場合，我自知有責任做點榜樣激勵更多人；雖然「台灣之光」於我只是浮雲虛名，但它能讓我的父母揚眉吐氣；邀請他們出席分享這份榮譽，是我當個乖兒子的大好機會。當天，我最想做好的一件事就是「孝順」，只是沒想到，相識不久的吳寶春竟然主動接過了我的任務。表面上是我借了自己的爸爸給他，事實上，他所回報的溫暖和窩心，是我這個逃離麵包店的兒子從來沒能為父親做到的。

那一年，爸爸失落地結束了奮鬥大半輩子的糕點事業。他年少離家學西點，從山邊的磚窯白手創業，直到在市區擁有一間店舖，對他來說，四個兒女沒有一個能繼承事業，始終是心頭之憾，因此，代替吳家爸爸接受的那個擁抱，除了給他安慰，更為他找回職業的驕傲。

那次之後，吳寶春經常快遞麵包給我，我幾乎都不動，全數拿去給我爸。「你兒子擱寄麵包乎你囉！」不必問他吃不吃得慣這些時髦麵包，他對吳寶春的一切是全盤接受、無條件支持。

不過，提起吳寶春，老爸仍然不忘酸我兩句：「蕭青陽，你以前不是嫌做麵包怎樣又怎樣沒前途？你看看，人家做麵包厲害得很，還比你會賺錢得多呢！」的確，時代在變，凡事沒有一定的說法，但是，我也想告訴老爸，我會離開麵包店，不也像你當年離開新店山上的稻田、橘子園一樣嗎？如果不是我這個兒子掙脫、拒絕了你，今天你又怎能賺到拿世界冠軍的「虛擬兒子」呢？正如吳寶春彌補了你的遺憾，我可能也圓了某些人的設計夢呢。

人說天下父母心，但我說，世界何其大，何必非要自己的小孩來擔起傳承、繁衍的任務不可呢？

從廖添丁玩進偶像劇

麵包店的那層牽繫，讓吳寶春和我一見如故，築起微妙的默契。我說：「我看到你就覺得好親切，你好像我們家的麵包師傅喔！」真的，瘦瘦的吳寶春，就像記憶中我父親請的那幾位年輕人，國中畢業就上台北奮鬥，拎著一台收音機，皮箱裡只有兩件白襯衫、兩條黑西裝褲，住在麵包店的閣樓上，一年只回南部老家一次。不用問也知道，吳寶春的收音機，一定經常播送著廖添丁傳奇。

之後吳寶春出席活動時，經常提議找我一起同台，我們成了最佳拍檔，在台上彼此依賴，甚至不知不覺玩起一個交換故事的小遊戲，他來談我的小時候，我來聊他的小時候。明明我們的前半生不曾交集，卻好像已經認識半輩子了。

氣味相投就湊在一起，湊在一起就合作點什麼，不為利益，只要好玩就行；可能我經常釋出這樣的訊息，別人也都替我記上一筆。吳寶春在三立電視的偶像劇《醉後決定愛上你》中軋一角扮演他自己，我雖然沒和三立簽約，也在這群朋友慫恿下畫了幾張主視覺概念圖，成為這齣「文創偶像劇」的工作人員。第一次參與電視製作，在團隊中究竟擔負什麼任務，其實我也不明就裡；後來和男主角張孝全一起回母校復興美工，以傑出校友及《醉》劇視覺總監身分和學弟妹們聊天打「戲」時，才發現我隨興設想的機場、夜店等場景圖全都被編劇寫進了劇情主線，還被動畫團隊製作成活潑時尚的片頭，令我驚奇不已。

我發現三立這個品牌挺有人情味的，我莫名奇妙湊上去，就成為彼此的文創商品了，坦白說，到底文創在哪裡，我還真沒搞清楚。有一就有二，過了一陣子，這群朋友又想到我了，但是剛開始不好意思直說，於是打電話向舒華探口風：「蕭大哥會願意接我們家宥勝的寫真集嗎？」好像是擔心我嫌棄商業化的操作。事實上我的想法超簡單，沒有什麼藝術和商業的判別，只要和設計有關連、夠有趣，什麼都樂於嘗試看看。再說，我是最貪圖玩樂的人，能和一群朋友一同出發去工作，我從來都不會拒絕。而且只要加入了，就會想辦法讓這個計畫更高、更遠、更瘋狂、更好玩！

就讓貴婦開心一點

在台灣，明星寫真書只被當成出版業中流行商品的一個小小環節，地位有點可憐。我仔細尋思三立這些朋友找上我的原因是什麼，這個團隊已經擁有身經百戰的造型師、攝影師、美術編輯，他們一定不是看上我的手上功夫，而是看上我有能力讓宥勝脫光光，而且脫得讓大家都開心。我從粉絲需求的角度著眼這個案子，宥勝的粉絲看似男女老少都有，但主力就是一群貴婦師奶，她們喜歡的是陽光、養眼、健康熱血的宥勝。這本書必須達到該有的藝術性，但絕不會是那種曖昧的、異色的、讓人不好意思的寫真集。

這次合作的出版社為藝人出書的經驗相當豐富，但據我觀察，他們之前出版的寫真集大多走文青路線，強調內涵、層次，把藝人包裝得文謅謅的。像是《瘋台灣》主持人Janet的寫真書，大隊人馬拉拔到南非草原，也拍了很多精彩的片子，據說Janet自己對泳裝照還特別滿意，但是，封面上卻沒放半張照片，素淨得像一本散文集。我向經紀公司及出版社提議，這次就擺脫這種彆彆扭扭、愛脫不敢脫的作風吧，我們讓宥勝脫得乾脆一點，照片大一點、口味重一點，讓貴婦們開心一點。

這個案子企劃得很順利，它所散發的活力讓參與者都很興奮，打從一開始，製作團隊就決定飛出台灣、遠赴澳洲取景，讓宥勝回到退伍後打工度假一年的地方。在那裡，年輕的他曾嘗到辛苦勞動的果實，由一介宅男變成豪邁的背包客；旅程結束前，他還和路上結交的各國好友完成單車橫越沙漠的壯舉。澳洲歲月是他成為「冒險王」的起點，也是他進入五光十色演藝圈後，最常緬懷的一段時光。

參考了宥勝當年打工的路線，並且納入旅行社的建議之後，團隊決定用一週的時間完成這次拍攝，從墨爾本降落，沿著大洋路（Great Ocean Road）往西北走，到達阿得雷德，然後前進袋鼠島，盡攬南澳洲天寬地闊的壯麗風光和豐富生態。

太做作不如脫光光

包括宥勝和經紀人、出版社編輯、攝影師、造型師、錄像師及各人的助理、還有我和舒華，一行浩浩蕩蕩十幾人，搭乘著像是《戀愛巴士》裡的那輛箱型車，一路按圖索驥、印證想像，尋找適合拍照的景點。我很清楚自己要的是什麼，走訪了幾處名勝古蹟，我都直接宣布：「這裡不拍！大家辛苦了，下去玩玩就好。」到了宥勝曾經打工的餐廳，他問我，蕭大哥，這裡要拍嗎？我說不必——沒辦法，因為真的不怎麼樣。倒是轉進餐廳旁邊的一處農場，熱情的主人和我們交起朋友，不但主動請吃家常菜，還帶著我們去趕綿羊，體會放牧生活；拍完照，宥勝在倉庫旁沖澡時，農場主人還把倉庫裡的農用車全都開出來展示，一輛比一輛更大，太好玩了！我們也曾經遇上一輛旅行車，車主的家當跟著他移動了幾萬公里，棉被、拖鞋、鍋碗瓢盆一覽無遺，這是真正澳洲式的旅行者；我們詢問可否借拍，車主也爽快應允。我很喜歡這批旅行車照片中呈現的生活化和故事性，只是，後來出版時大概為了「唯美」起見，美編處理掉了一些我刻意保留的「雜亂」，有點可惜。

造型師梵暐為宥勝張羅了多套妝髮和服裝，其中一組是華麗濃烈的哥德風，雖然這並非我屬意的點子，但我也尊重造型團隊，既然辛苦準備了，那就拍吧！我們真的在莫爾本附近找了一座古堡取景，拍了幾組黯黑而迷幻的照片。不過梵暐很快就發現我想要的是別的，他對我埋怨了一句：「我辛苦做了那麼多造型，結果你都喜歡叫他脫光光！」

沒錯，在這個案子裡，人為不如自然，做派不如脫光光。為什麼要出機到南澳洲？絕對不是因為公司有錢。除了拍肌肉、拍衣服、拍一個養眼男孩之外，我們必須拍出全世界只有這裡才有的特色。天寬地闊無拘無束，珍禽異獸賞心悅目，這就是澳洲；有隻袋鼠跳進了照片後方，這就叫真實。

為了追求賞心悅目和真實，免不了有捏把冷汗的時候。往袋鼠島的高速渡輪上，傍晚的天光特別美，夕陽把船尾發散的一叢叢水花打得閃亮，為了這個美景，宥勝從船艙裡仰出船外，不但下腰，還要張開雙手，擺出酷帥的爽樣，讓攝影師從上方甲板俯身拍照。我看著宥勝大半截身體懸空著，只有兩個助手用力按住他鏡頭外的小腿，愈看背脊愈涼，萬一宥勝撐不住倒了出去，這一個個弱女子、弱男子誰也救不了他；偏偏我們的攝影師郭政彰又超盡責，一個鏡頭不拍上二十張是不會罷手的。趁著宥勝腰力還沒耗盡，我趕快喊停。為了拍出很厲害的寫真集而發生偶像級的意外，那可不值得。

旅行社為我們安排的導遊和司機都是定居當地的華人，能用流利的中文溝通。墨爾本的導遊小時候住在台灣，因為父母希望孩子受更好的教育而移民；全程陪著我們的司機，則是一位年近六十歲的山東大叔，身體硬朗，長得特別像郭台銘；他從老家來到澳洲也有不少年頭了，但說起話來還是濃濃的山東腔，不時冒出兩句「他奶奶的」。現在的台灣人好像都沒有口頭禪了，這句只在記憶中眷村裡才聽得到的老兵伯伯國罵，竟然在澳洲原音重現，讓我有一種時空錯置的親切感。

行經一座農場，麥田上遍布著許多滾成大圓筒狀的金色麥草堆，我提議在這裡停車一會兒，山東大叔卻回我：「這兒不用停，前面還有！」我愣了一下，心想也好；過了一會兒，再次遇到了麥草堆，我嚷著：「那邊有那邊有，我們看一下吧？」大叔再次駁回我的「請求」，直直往前飆。怪了，這是怎麼狀況？我想了想，大叔應該不是沒有服務精神，只是誤以為我們這群小朋友在隨興亂玩，基於自認帶團多年的專業，才豪邁地幫我們下指導棋；殊不知，我們是最專業的拍照團，勘景又是我的職責，雖然方向盤歸他管，實在沒辦法連行程都聽他的。

我決定振作起來，違背我的隨和本性，大聲說：「大叔，請你載我們回去剛才那個農場！」車上大夥兒群起附議：「對啊對啊，快回頭啦！」溫和有禮的台灣人忽然都變得嚴厲起來了。

是溝通不良、文化隔閡，或者是娛樂圈的人多少有點完美主義傾向？大家你一言、我一語，對大叔的不滿溢於言表，那句親切詼諧的「他奶奶的」，好像也變得俗不可耐了；甚至，有人醞釀著請旅行社改派一位比較好配合的駕駛，旅行社的回應是臨時抽不出人手，還是得由大叔負責我們的旅程，但保證一定會請他尊重我們的需要。

幸好沒有把大叔換掉，在碰撞、溝通之後，大家很快也就相安無事了，接下來的行程也走得很順利。只是，大叔彷彿吃了悶虧，沉默了不少。

輕鬆到令人忘記的最高境界

澳洲的第二大城墨爾本，是我們此行的起點，這座名氣不如雪梨的城市，自二〇〇二年起，始終名列《經濟學人》雜誌評選「全球最適宜人居城市」的前三名，最近兩年更是勇奪榜首，令人好奇它的魅力何在。

導遊向我們介紹，墨爾本的歷史不到一百八十年，卻完整保留了許多建城時的古蹟，擁有世界第二多的維多利亞式建築和第一大的有軌電車系統。它是澳洲的文化時尚之都，藝術活動盛行，但同時也擁有賭場和紅燈區；它也是澳洲的科技重鎮、汽車中心，但是沒有高污染工業，市容秀麗，處處公園綠地。它地處亞熱帶溼潤氣候，天氣多變，然而冬天不下雪，夏季也不到三十度；它的人種多元，移民來自歐亞各國，上一屆的市長就是華裔背景。在看似粗枝大葉的澳洲，墨爾本有一種兼容並蓄的美。

但這似乎不足以解釋，為什麼墨爾本能榮膺最宜人居之冠？這個城市的特色並不強烈——在舒華口中，它甚至是「輕鬆到令人忘記」的城市。走馬看花兩天，我還談不上深切的感受，可是我心裡有了答案，一定就是這種溫和、凡事不過度的舒適性，讓它屢屢獲得青睞。

我去過的城市中，維也納和墨爾本同樣是最宜人居榜上的常客，如果要問它們有什麼共同點，那就是文明帶來的壓迫感不高。世界各大城市往往籠罩著一種無形的壓力，紐約、倫敦、北京、香港，更是生活步調快到令人透不過氣，彷彿這就是文明的代價，不可能擺脫；但是在維也納和墨爾本，你享有先進的便利，卻也能同時享有輕鬆走過一條馬路、在街邊坐一會兒的舒適性，一種類似鄉村生活的優閒感。

至於兩個城市之間的不同處，我打個比方：歐洲的城市有點像是一位老紳士，美國的城市像是小伙子，澳洲雖然比美國更晚開發，但氣息介於兩者之間，像是個中年叔叔。

不難想見，墨爾本的優閒也是澳洲其他城市共有的特質。我們的下一座城市阿得雷德，擁有和墨爾本相似的典雅舒適，但人口僅有墨爾本四分之一強，因此更為開闊、靜謐，對於習慣都市喧囂的人們，說不定還有點太安靜了。

閒適的風格或許是地廣人稀的自然環境使然，然而，一個以淘金而發達的城市如果沒有反省的能力，是不可能成為今日的墨爾本的。在《經濟學人》的同一項調查中，台灣的代表城市台北連續兩年排在六十一名，乍聽起來好像沒什麼指望，其實也沒有那麼糟。我覺得，如果多反省一點、過度的設計可以退回來一點，生活中工作和休憩的比例再平衡一點，台北還是有機會的。

袋鼠島上無尾熊多

離開澳洲本土，最後兩天的袋鼠島才是壓軸大戲，「巨石宥勝」和「星空宥勝」這些最自然解放的畫面都是在此誕生的。袋鼠島在阿得雷德西南方約一百三十公里處，人口只有四千四百人，面積卻超過四千四百平方公里，是澳洲的第三大島，約莫台北市、新北市加上桃園縣、新竹縣的面積。來往袋鼠島的渡輪相當大，從拖車到巴士都可以上船，由於島上不提供交通工具，幾乎所有的人都是坐在車裡登船的。島上景觀獨特，以奇岩怪石聞名，並且聚集了大量澳洲獨有的野生動物，如袋熊、澳洲小企鵝、針鼴鼠、袋鼠、沙袋鼠，以及粉紅鸚鵡、海獅、海豹等。有人說，如果你是國家地理或動物星球頻道的粉絲，那袋鼠島就是你在澳洲自駕遊的最高選擇。

上了袋鼠島，沒看見袋鼠，倒是先看到路邊豎著「當心企鵝」的牌子。資料上說，袋鼠島上的袋鼠其實不算多，如此命名是因為著名的英國探險家弗林德斯（Flinders）和他的隨扈們曾在島上享用過一頓袋鼠大餐。袋鼠島上原本並沒有無尾熊，在一九二〇年代才有人從澳洲大陸引進十五隻，但因為島上沒有天敵丁狗（Dingo），無尾熊繁殖過剩，一度超過三萬隻，幾乎啃光了這裡的樹。

經過結紮控制、民眾撲殺以及二〇〇七年一場重創袋鼠島西岸的森林大火後，如今仍有約兩萬隻無尾熊遍布島上；然而另一方面，澳洲全境的無尾熊總數卻因人為開發破壞棲地，已銳減至不足二十萬隻，澳洲國寶被列入易危物種。

來的路上曾聽導遊解釋，澳洲大陸的森林多半為桉樹（尤佳利樹）林，無尾熊一輩子只吃它，而且只吃七百多種桉當中生於澳洲東岸的二、三十種，但偏偏桉樹葉的養分不足，纖維又粗，還有毒性，因此無尾熊的消化過程很長，新陳代謝極慢，啃一啃葉子就愛睏了，醒來又繼續啃，形成一種「吃不飽又睡、睡不飽又吃」的循環，一天通常要在樹上睡十八小時。就算偶爾得動一動，那也是晚上的事，以免浪費了能量。有此一說，無尾熊每天咀嚼桉樹葉上萬次，年長之後容易因為牙齒磨損而無法進食，最後活活餓死。我真想問牠們，你就不考慮吃點別的嗎？

緊急煞車遇見小可愛

「到囉，到囉，各位國軍弟兄們！」山東大叔用力拉開箱型車的側門，接近零度的冷風灌進來，我們才驚覺七月真的是澳洲的冬天。這晚下榻袋鼠島上的一家農場，這家農場的招牌產品是自製的有機蜂膠、蜂蜜等，大廳櫃台前設有櫥窗讓旅客選購。除了販賣蜜蜂相關產品之外，淺色原木製成的紀念品架上，孤伶伶地放了一隻灰綠色的無尾熊絨毛玩偶，牠弓著背、眼睛半睜半閉，栩栩如生地獨坐著，大小、毛色、動作都和真正的無尾熊無異，雙手還緊握著一截尤加利枝葉。在等辦住宿手續的時候，我順手抱起了牠取取暖，嗯，果然Made in Australia（澳洲製造）就是不一樣，材料和做工都特別好，那種迷濛眼神和慵懶體態，大概只有澳洲本地人才模仿得來；再順便瞄了一眼牠屁股上的價格標籤，哇咧，四百美元打五折！那台幣不就還要六千塊？

話說絨毛娃娃本來就不是我的菜，更何況竟然還賣這種天價，難怪沒人買。我把牠輕輕地放回架上，櫃台內的金髮阿姨此時也正好將把房間鑰匙遞給我，她微笑著說：「正在打對折，只剩最後一隻了，而且是一比一原寸的喔！」我也報以微笑，轉身拖著行李進房。

隔日清晨四點半，一片漆黑中，坐上山東大叔的車，車燈打亮了霧氣，我們必須在天亮時分趕到神奇岩石群（remarkable rocks），拍攝此行最後一組照片。連日的興奮、疲累加上太早起床，讓整車的人都迅速睡翻，四野寂靜，卻猛然聽得大叔緊急煞車，嘴裡叨唸著：「他奶奶的，害我胃病！」「他奶奶的，又是一隻不長眼的！」原來他在罵路上蹦過去的袋鼠。沒多久，又一次緊急煞車，「他奶奶的，再跳我水箱都給你撞破了，賠不起啊！」我睜大眼睛一看，路邊還真的有些袋鼠屍體呢。

不知道緊急煞車了幾次，又來！……可是，這一次好像有特殊狀況，因為山東大叔居然沒有開罵；更正確地說，他根本沒發出半點聲音。好奇心趕跑了瞌睡蟲，大夥兒紛紛睜開眼睛坐直身體，察看發生了什麼事。微微亮的天色中，只見前車燈打在路中央，一隻小小的無尾熊坐在燈光裡，用手揉著眼睛，下半身卻動也不動；大叔無奈地叭了叭牠，牠又發呆了一會兒，才挪了兩下屁股，然後手腳並用，緩緩、緩緩地坐到公路另一側去。

抱在樹上或是人身上的無尾熊有見過，過馬路的無尾熊誰見過？一車的台灣旅客全醒了，用山東腔齊聲大喊：「他奶奶的，好可愛呀！」

購物狂使詐得逞

袋鼠島上的著名景點神奇岩石群果然不負眾望，美得猶如上帝之手拂掠過的神蹟，海岬上散置的每一塊岩石都巨大光潔得像是一座美術館。我不禁感嘆，若不是參與了這次拍攝，我不知什麼時候才有機會來到這裡呢。南半球的七月正是寒冬，雖然已近中午，但氣溫仍低，岩石冰冷得不得了，辛苦了奮力一脫的宥勝。拍完了躺在海獅沙灘上的最後一個畫面，功德圓滿，可是，我心裡開始翻湧著一個念頭：好想得到昨晚櫃台上的那隻無尾熊啊，我想念牠那雙睡不醒、睜不開的瞇瞇眼。

我對絨毛娃娃或無尾熊本來一點興趣也沒有。從小在寫實的環境長大，爸爸灌輸我們「有麵包就是最幸福」，雖然身邊偶爾會出現填充玩具，但它們和我完全不相干；直到我也有了新生代，家裡冒出三個七、八字頭的小蘿蔔頭，我的生活中才合理地出現了各種公仔。至於無尾熊，雖然也曾陪孩子排隊去木柵動物園看過，但是並沒覺得牠們可愛到多麼了不起。誰想到，在澳洲離島的清晨偶然遇見一隻擋路的，我居然瞬間就被牠的萌樣征服了。

行李都已經上車，這表示我們不會再回到那個農莊，可是，我是一個對看中的東西購買慾很強烈、非達成目的不可的人。我鼓起勇氣問山東大叔：「師傅，我們還會不會經過昨晚那個農場啊？」山東大叔說：「不會啊，現在要直接開到港口去囉！」「那，我們還可不可以繞回去啊？」大叔看了一下時間：「可以啊！」

哇，我忽然覺得好喜歡山東大叔喔！昨晚他準備了白酒、花生，想邀我到房裡小酌兩杯，我因為今天要早起而拒絕了。現在想想滿後悔的，相逢就是緣分，他大概認為這一團中我和他年齡最近，還能跟我說上兩句吧。唉，我實在應該陪他對喝個通宵的。

繞回農場要多花一個多鐘頭，可是，或許仗著我是大哥吧，車上居然沒有一個人問我為什麼要折返；真正的原因，只有舒華一個人知道。她還一路提醒我：「那是一比一的喔！」「台灣賣的眼睛都是睜開的，不像！」我就曉得我們倆的默契好到不行。

回到農場，我往後喊了一句：「要尿尿的人趕快下車！」就和舒華向住宿櫃台飛奔而去，幸好，這兩天袋鼠島也沒什麼客人，「一比一」還好端端地坐在那裡。就這樣，我們兩個最老的團員，拎著一個黑色不透明塑膠袋回到車上，裡頭鼓鼓地裝著一隻絨毛玩具。

Made in Australia 勝利！

快到機場了，大夥又開始忙起來，聯絡起回台灣以後的工作。一半的人馬上又要扛著行李移動到下一站，造型師要去法國，攝影師要去日本……我們夫妻倆則是第二天就要再回頭飛往峇里島，幫自己和三個小孩放一個烏布風格的暑假。

導遊小姐向團員話別，祝大家回台灣工作、生活愉快。我問她，大叔不講點話嗎？

她對山東大叔說：「陳師傅，國軍弟兄都在等您講話呢！」

大叔回答：「欸，共軍還沒找到位兒！」全車哈哈大笑，樂歪了。

如果要我為這趟澳洲之旅做一個總結，我想說：「好滿足，我們真的把擋在路上的那隻小可愛帶回家了。」從此我和舒華的雙人床床頭，一人擺一隻娃娃，舒華的床頭擺了我從埃及帶回的銅燈和她最心愛的E.T.，我的床頭則擺了袋鼠島買的超貴無尾熊。環顧四周，這根本是一個以旅行記憶建構的家嘛。

最近，我的床頭又多了一隻生力軍。話說前幾天，我在福和橋下的跳蚤市場又遇上一隻瞇瞇眼的無尾熊，火速跟老闆還了價，拎在手上，正得意，有一位阿桑靠過來問我買了多少錢，我回答，四十。

阿桑：「阮上禮拜那隻才買二十塊。」

我：「妳的手上有抱一隻小的沒？」

阿桑：「……」

我：「妳的一定是台灣做的，阮這隻是澳洲來的啦！」

巨石猛男的拍攝場景。

巨人遺落的臼齒。

從這一面看像食蟻獸。

神奇岩石群就在袋鼠島的左下角。

從另一面看像長毛象。

怎麼爬都爬不上去的巨石，長得真像離開袋鼠島前的那杯巧克力摩卡。

別踩我。

坐進去。

南極吹來的海風，鬼斧神工地雕琢著神奇岩石群，兩億年來不曾停歇。

威廉萊特上校是阿得雷德的城市設計師。

換一座城市就要換一顆腦袋。

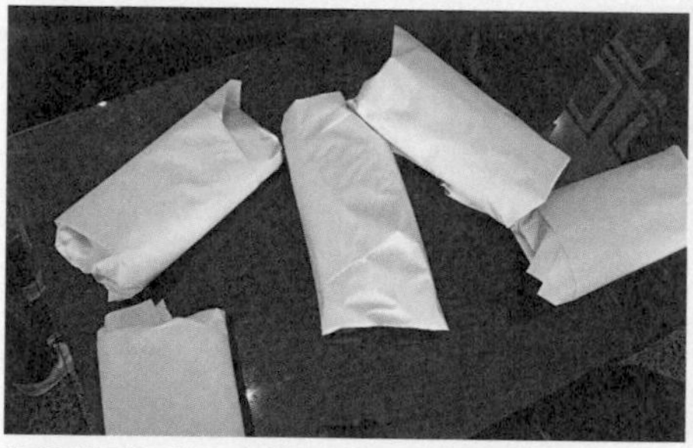

白紙裡面包著源自英倫傳統的炸魚薯條餐。

看不懂的明媚風光。

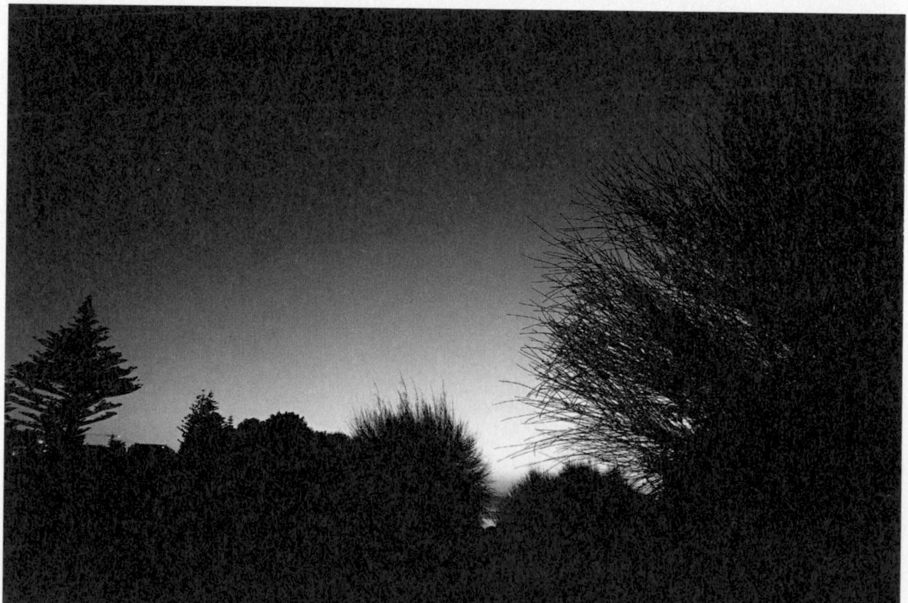

南半球的七月天黑得早，從阿得雷德出發，踏上袋鼠島時已是黃昏。

十二使徒岩──沒去到的地方就看明信片吧。

接下來，我們坐著戀愛巴士登上大輪船。

意思就是快樂的向前走。

前面的棗紅色涼亭算是什麼風格?

慢，小心袋鼠。

最富豪的享受都選在海灣或山崖上。

這裡的雲都是長長的。

山上的小野花長得都很神奇。

乾旱空曠的地表，像小盆栽的大樹。

袋鼠島農場前方的大景。今夜的任務是在這粉紅色海邊全裸擁抱星空。

路上認識了，就有感情。

飽滿到難以忘懷的沙拉餐。

從澳洲起飛的飛機餐有小葡萄酒和卡通麵包。

一半是藍天，一半是草原，草原上有綿羊。

南緯35度，天微亮的7:56，「他奶奶的，好可愛啊！」

2007年底，日本民衆票選出「今年的漢字」。

在渾然不自知的固執中，我究竟錯過了多少站、流失了多少風景？
人生都不賣來回票了，親情又何必有隔夜仇呢？

KIYOMIZU-DERA, KYOTO: Life Is a One-way Ticket

京都清水寺：人生不賣來回票

找我合作電音歌仔戲專輯《身騎白馬》的製作人蘇通達，是個特別能把無聊當有趣的人，他總是自豪地說：「我這人超有限的！」記得有一回，他來工作室找我，離開時，才發現他的機車坐墊被樹上鳥群轟炸得一片白花花的鳥屎，他連這也要拍照存證，然後煞有介事地po上網，宣告：「看，我今天的表現又是一個哏王！」

這位滿腦袋奇思異想、任何事都有搞頭的怪咖，特別喜歡約朋友去一家日系連鎖咖啡館打屁。某一天，他又把我、幾個朋友和他的助理集合在咖啡店裡，眾人天南地北亂聊一氣之後，他發動了一個議題：「我們來聊聊自己身上的疤吧！」疤也能聊嗎？我正想唾棄這個題目太無趣時，奇怪的事情發生了：一干人等紛紛掀上衣、撩褲管，接力貢獻出各種風雲詭譎的受傷慘案；更奇怪的是，我發現，我好像也能擠出兩個疤來過過招。這兩個疤還有共通點：它們都記載了我的手足之誼。

我伸出右腳，露出膝蓋上的第一個疤，那是一道縱向、長達十幾公分的手術刀痕，從膝蓋中線直直地畫下，留下微微凸起的一道白。

第一個疤：右膝上的刀疤

八年前的一個晚上，幾個做音樂的夥伴聚在野火樂集，他們打電話叫我過去一起玩。舒華極力阻止我，她說：「時間太晚了！你是有老婆、小孩的人，怎麼老想跑去和年輕人半夜鬼混？」老婆大人說得對，我當時應該聽她的，可惜千金難買早知道。

我這人就是愛跟朋友玩，不管白天還是半夜，相揪電話來了，一次、兩次、三次……我就很難再拒絕了。那一晚，我又拿開會當藉口，把老婆孩子丟在家裡，自己單騎赴約；舒華很清楚，我這一落跑，鐵定又是喝個痛快、聊到日上三竿才會罷休。

野火樂集夾在忠孝東路和仁愛路之間的巷弄裡，美其名是辦公室，其實是老闆娘熊姊挪用了老公牙醫診所的小倉庫。每位野火的訪客，都必須穿過瀰漫漱口水丁香味的牙醫診間，才能走進這家超迷你唱片公司。不足兩坪的彈丸之地，擠了幾張桌子和幾台電腦後，幾乎沒有讓人走動的餘地，但我做過的一些好唱片，像是胡德夫、高一生、李雙澤的專輯，都是在這裡誕生的。

我趕到時，舒米恩、陳永龍、陳世川、拿告等幾位原住民歌手，正在輪番表演一場魔術秀。表演的人用一塊很大的布讓自己飄浮起來，其他人就坐在前面當觀眾。

我看了幾遍之後，好像也看出了其中的眉角，自告奮勇上去換手；雖然是同樣的魔術，但換了一個人來變，觀眾又是哈哈大笑。

好死不死，我那天穿的是第一次到舊金山買的一雙皮製夾腳拖，鞋底的凹紋差不多都磨平了，走在平滑的地面時，常有快要滑倒的感覺。我的魔術秀還沒機會演練完美，左腳卻一個踉蹌絆到那塊布，隨即在光亮的磨石子地板上向前溜了一步，右膝也順勢磕在地上。我想站起來，但是很奇怪，身體好像不聽我的管教了，我用手撐著地板再試了一次，可是，跪著的右腿還是虛脫著，使不上半點力。

熊姊的臉上露出極度驚恐的表情，她大叫：「蕭青陽，你的膝蓋變形了！」我低頭一看，真的，我的膝蓋整個歪曲了，那條腿呈現一個古怪、不符合常理的轉折角度。我看傻了。

雙腿麻痺的滋味

從小身壯如牛的我，第一次面對自己想像不到的身體狀況，聽說，我的臉霎時變得一片慘白。我還記得，自己一直對朋友們說著「沒關係，沒關係」，除了不希望他們太害怕之外，也因為當時我相信這只是膝蓋脫臼，只要找對推拿師，馬上就可以「喬」回來。

過了一會兒，救護車來了，幾位阿兵哥把我放上擔架，送到仁愛醫院的急診室。這時已近凌晨四點了。我要自己盡量保持平靜，想著既來之則安之，現在醫療技術進步，一切交給醫生就是了，這點小傷不算什麼。我想起以前認識的一位蘋果電腦的訓練師，曾描述他對未來的想像：當科技發展到極致，人類的身體不再需要維持原本的形態，只要大腦還在運轉就好。此刻我的膝蓋還沒轉正，樣子怪嚇人的，這個說法給了我一點安慰。

然而，急診室的醫生戳破了我的幻想。他指著X光片說：「來看一下這裡，你的膝蓋骨已經裂成七塊了。」我這才發現，事情真的不妙了。亂七八糟的念頭一古腦兒湧了上來，我問自己：怎麼辦，以後要變成「跛咖」了嗎？為何那麼多藝術家的腳都是跛的，難道走這行注定要跛咖？

等待了幾小時，我被送上手術檯，胸前橫著一塊長長的布簾，把我的清醒意識和已麻醉的下半身隔開。我聽見機具運轉的淒厲聲響，聞到骨頭被鋸成粉末的味道，我想看看他們對我的腿做了什麼事，可是使盡吃奶力氣也看不見，倒是一直聽見手術檯邊的兩位護士小姐，閒聊著家中的貓狗瑣事。我想起，我手上還有兩個案子，四分衛的《W》專輯還沒收尾，《白色巨塔》的視覺設計也要和導演討論……

手術檯上度秒如年，突然，一個念頭打中了我：我好像可以體會小弟阿松從小到大雙腳沒力的滋味了。

他不重，他是我兄弟

我出生在做麵包的家庭，是四兄妹中的老大，只小我一歲的大弟阿華，從小和我就是天壤之別。我是那種花兩個星期背書，到了考試那天，腦子仍然一片空白的笨學生；阿華不一樣，他有讀書的天分，即使經常偷溜到巷口租書店去看漫畫，卻仍然可以拿著前三名的成績單給爸媽簽名。成長的歲月裡，我和這位優秀的大弟向來是井水不犯河水，以相安無事、互不干擾為原則。

反倒是差了四歲的小弟阿松，讓我充分體會做哥哥的責任。

阿松在出生四個月後發了一場高燒，但因爸媽忙於工作，延誤了他的送醫時間，結果，他染上了當時正於台灣肆虐的小兒痲痺，從此不良於行。阿松的病成了爸媽一輩子心中的痛，即使已經過了四十多年，兩老還是不願意觸及這個話題，直到現在，講起家裡的老三，爸爸總是一句：「唉，就那樣啊！」而媽媽還是眼眶泛紅。

別人家的孩子都學會了走路，我家小弟卻一直在地上爬行。我還記得他抬起小臉向上仰望的模樣，兩頰紅撲撲的，就像蘋果一樣可愛討喜。爸爸在店裡放了幾個沙拉油鐵桶，桶子上架了兩根竹竿，讓阿松可以抓著竹竿練習走路。大人們都抱著一絲希望，幻想著只要阿松多多練習走路，總有機會恢復正常。可惜，這個奇蹟並沒有發生。

由於天天匍匐著拖動身體的緣故，阿松的兩隻手臂總是磨擦得紅紅的，肘關節甚至經常磨破，久而久之長出一層硬皮，手指頭也長滿堅硬的厚繭；然而他的上半身因此變得十分有力，甚至可以把一雙臂膀架在樓梯扶手上，撐起身體，「咻」地滑下樓去。

現在回想起童年時光，我最鮮明的印象，就是國小五、六年級的我，背著一、二年級的阿松四處玩耍的情景。我沒辦法用腳踏車載阿松，一起出門的唯一方法就是我背他。麵包店後面蓋房子的工地，是我們最常去的地方，沒事就在工寮邊盡情玩沙；偶爾，我們也會「遠征」去金銀大樓逛逛街，去國華戲院看一部二輪電影。

阿松其實滿壯也滿重的，但只要是能躲開媽媽視線的遊戲時光，我也不嫌累。倒是拜經常背著弟弟之賜，我練就了不錯的臂力，小學六年級時和同學比手勁，我還是全班最強的呢。

汪洋中的一條船

某一天，媽媽的房間裡罕見地出現了一本小說，照理說，我的父母親來自辛苦的家庭，根本沒念過多少書，小說更是與他們八竿子打不著的一種東西。可是，《汪洋中的一條船》不一樣，它和我們家息息相關。這本書非常好看，作者就是書中的主角鄭豐喜，他和阿松一樣是位雙腿不便的肢障患者，但是他不屈服於命運，努力不懈，得到了大家的敬佩。

我明白，媽媽是想要藉著奮發向上的自傳故事，給阿松一些安慰和激勵；我也記得，這本書的名字本來是《汪洋中的破船》，後來因為當時的行政院長蔣經國出言建議，才把「破」字拿掉，改成「正面力量」多一點的書名。

沒多久，小說改編的同名電影上映了，造成街頭巷尾的轟動，我們全家也難得地一起買票進電影院。我印象很深刻，南勢角的龍華戲院，椅子全是木頭做的，觀眾席前方還有小販走來走去；我和阿華、阿松坐在前排，爸媽坐在我們後面。電影開演了，男女主角是當紅偶像秦漢和林鳳嬌，可是從頭到尾，我都沒辦法專心看他們演戲，因為我媽一直不停地在後面數落我，說我這個做大哥的沒有把小弟照顧好。

那年我才十二歲，想不通自己究竟做錯了什麼要挨這麼凶狠的罵；我只知道反正從小就是這樣，媽媽老是為了阿松的事斥責我，而我老是覺得自己被罵得莫名其妙。明明我和阿松都相處得很開心，為什麼媽媽總是怪我對弟弟不好呢？

我在心裡大吼：真是受夠了！

對於媽媽的心態，我有好多的不滿與不解；成年以後，回過頭思索往事，我的解讀是：我媽其實是把她自己對阿松的自責和歉疚，統統發洩在我這個不聽話的大兒子身上。我對那時的種種記憶猶新，不過我想，如果現在去問我媽，她應該已經忘得一乾二淨了吧。

陳年舊事不可考，但《汪洋中的一條船》已經成為我人生中最重要的記憶之一，我對這個故事有著強烈的感情。每當我在書店裡看到這本書，就會告訴自己，家裡好像還缺一本，應該要把它買回去。曾經有位雜誌編輯來工作室訪問時，就曾好奇地問我，為什麼書架上有那麼多本《汪洋中的一條船》？而且版本都不一樣呢！

匍匐地面的發明家

阿松的命運應了西方一句俗諺：「上帝關上了一扇門，必定會為你開啟另一扇窗。」他雖然腳不方便，卻是個天賦異稟、聰明到不行的孩子。

他的童年幾乎都在地面上度過，或許正因為如此，他觀察世界的角度從小就和其他人很不一樣，而且特別擅長撿別人丟棄的東西回來改造、再利用。他也會設計一些數學遊戲，畫在紙上讓我猜謎，我幾乎沒有一次猜對，被他唬得一愣一愣的。這個弟弟讓我第一次見識到，世界上真有所謂的天才這回事。

阿松靈活的腦袋幫了大人不少忙。我們家除了賣西點之外，也做傳統的漢餅，最常做的就是紅紅的麵龜。蒸麵龜的時間掌控非常重要，多蒸或少蒸一分鐘都可能會失敗，偏偏每一籠麵龜蒸透的時間不可能完全一樣。貼心的阿松動手做了一個類似煙霧偵測器的裝置，安裝在天花板上，只要蒸汽達到一定的強度，裝置就會啟動，發出「逼～」的長聲，提醒師傅，麵龜可以出爐囉。

民國七十幾年，大家樂瘋狂流行過一陣子，那時，我們家店裡頭的生意還比不上店外頭的生意好。阿松那時還沒上高中吧，不知道他上哪兒去弄來了幾台水果盤拉霸機，引得騎樓下每天都是滿滿的人潮；更厲害的是，他自創一套算牌理論，號稱相當神準，好多大人每天追著他問明牌。後來還曾經因為聚集的人實在太多，弄得連警察都上門來關切。

出社會之後，阿松的工作就是個發明家，他用數學、機械方面的長才，幫公司做儀器的設計與改良，獲取專利權。不過，在我眼裡，我家小弟不只是個聰明之人，更有真知灼見，很多時候我遇上了想不通的概念問題，想要得到一個睿智、犀利的判讀，就會去找阿松，他幾乎都能給出令我滿意的答案。即使談到政治、社會議題，他也往往能夠釐清事件的核心，說出超越一般人迷思的見解。

無人知曉的單車壯遊

阿松的特別也表現在個性上，他比大部分的人都更樂天、堅毅、積極，雖然，有些深層的感情不見得會輕易顯露出來。他很小的時候，媽媽就帶他去算命，算命仙直言他是迌迌命，喜歡一個人四處遊歷，不喜歡待在家裡。可是，阿松可能四處遊歷嗎？這個預言讓大家半信半疑。

其實，算命仙還滿準的，在小學二年級的時候，阿松就展現出趴趴走的雄心和實力。那時他已經撿了不少東西回家，有一天，他居然用撿來的零件組成一輛腳踏車，雖然是輛小車，但是車架、車輪、煞車、踏板，五臟俱全，重點是，這輛車他可以騎！阿松的左腳比較沒力，右腳力氣大一些，所以他用左手握住龍頭，右手壓著右腿去推動踏板。有了專屬鐵騎之後，阿松的行動力三級跳，後面工寮的沙坑也不必再去了。我發現，預言完全命中，我的弟弟變得好野喔！

從此之後，阿松成了我的車友，經常被我拉去一起遊車河，我騎著大車在前面跑，他踩著小車在後面追。我幫兩人策劃了一套驚人的旅行：從起點南勢角出發，先騎到金銀大樓，然後上福和橋，左轉到羅斯福路二十層高的台電大樓；接著右轉辛亥路，經過咖啡色二十四層高的葉財記台大麗園大廈；繼續往前騎，左轉敦化南路，到二十一層高的鑽石雙星大廈；穿過敦化南路上許多正在蓋的新建案，終於我們來到氣派的仁愛路圓環。

圓環的風總是特別地強，我一邊轉彎一邊回頭看，看見迎著風的阿松，右手努力地推著膝蓋，好像很吃力的樣子，不過他還是能夠一路跟上我。繞過圓環之後，再順著仁愛路往西，直到最後一站重慶南路，我們去看一枝獨秀、十八層高的第一銀行，最後過中正橋回到南勢角。

這條專門欣賞台北高樓的單車路線，是我下工夫研究過的。我很早就發現自己對建築學有著酷愛，報上刊登了高樓大廈的新聞或廣告，我一定特別留意。當年台北的高樓還不多，每一棟的特徵我都能如數家珍。我總是會在快到目標之前停下來，一邊等阿松跟上，一邊抬頭數算著一格一格的玻璃窗，看看一共有幾層樓；這條路線的每一棟大樓都被我數了一百遍以上。

現在想想真是不可思議，八歲的阿松騎著那輛自己拼裝的小車，跟著十二歲的我繞了大半個台北市區（那時市區不大），我的建築夢做得最熱切的時候，一個星期我們會出動三次之多。世界上除了我之外，沒人知道我們兩個騎車上哪兒去了，阿松太小認不得路，當然也說不出所以然來。

多年後，他曾經問過我：「阿陽，小時候我老是跟著你騎車騎得好遠，我們到底是去幹嘛？」我一直沒有告訴他，其實我只是想帶他去看那一棟棟讓我心滿意足的高樓呀。

在我把膝蓋跪到碎裂變形的那一刻，我沒有立刻想起阿松，直到我躺在手術檯上，雙腿麻醉、整個腦子大亂時，我開始不斷地想起他，想起我們的童年。我問自己，難道這就是弟弟從小到大、每天感受到的身體嗎？我從來不知道，有腳卻不能用力、不能走，竟然是這麼無助、甚至恐怖的感覺！

眼前浮現阿松歪著身體、吃力地踩著踏板追上我的畫面，心酸、歉疚和悔不當初一起湧了上來，我怎麼能對弟弟那麼殘忍而不自覺呢？我簡直不敢想像，如果媽媽發現我三天兩頭叫雙腿萎縮的小弟陪我去繞台北，只為了數數那些大樓的窗格子，她會氣到罵我什麼。

童年的建築夢早早就被現實打醒了，但心中的火花沒有熄滅，這幾年去了不少城市，建築依然是特別吸引我的風景。走在大街上，我被眼前高聳的大廈懾服，看得久了點，不知情的愷愷會問：「爸爸，你在看什麼？為什麼我們還不走呢？」我指著大樓向他解釋美感的構成，卻沒有告訴他，我看到了八歲時的阿松，一拐一拐騎著單車跟著我的樣子。

第二個疤：右眼下的凹痕

身為四兄妹中的老大，弟弟妹妹的出生年次我常記不清楚，但是我永遠記得：我屬馬，阿華屬羊，阿松屬狗，阿玲屬兔。這就是說，小妹和我的年紀差了將近十歲，我已經要上國中了，她還是個牙牙學語的小嬰兒。也因此，成長的過程中，從來沒有什麼兄妹爭吵，對於這個姍姍來遲的小么妹，哥哥們除了疼愛還是疼愛。

我印象中的阿玲就像個洋娃娃，我喜歡抱著她在麵包店裡轉呀轉的；等我上了高職、開始學攝影後，也經常把她當作拍攝對象。到現在我仍記得，小小的阿玲在烏來穿上原住民傳統服飾，裝扮得漂漂亮亮的樣子。

小公主誘拐事件

家裡的麵包店就是阿玲的遊戲場，我在國中工藝課做的木頭小火車，也順理成章成了她的座車。每天在店門口玩著玩著，有一天傍晚，從來不亂跑的阿玲忽然不見了，大人們找遍了附近的巷弄和稻田，也不見她的蹤影，那時候報上經常有誘拐幼童的社會新聞，大家都擔心她是被壞人抱走了。從傍晚到深夜，全家人急得手足無措，警察來過了，親戚、鄰居也全部聚集在店門口，還有人已經到廟裡求神問卜，拿了幾張符咒回來。

時間一分一秒過去，阿玲沒有半點消息，除了乾等，已經沒別的事可做。我的腦中閃過各種想法，我開始相信，我們真的要失去妹妹了。那是我生平第一次感受到真正的恐懼。

說也奇怪，到了深夜一點多，阿玲突然回來了。她穿著一身小禮服，打扮得像個要去參加宴會的小公主一樣，出現在店門前。大家七嘴八舌問她去哪裡了，她說，一個沒見過的叔叔說要帶她去玩，還要讓她學鋼琴。她說不出去過的地方，只知道叔叔帶她去買了這個那個的。有人看到，好像是一輛計程車載她回來的。

煎熬了一個晚上，「阿玲失蹤記」雖然謎團未解，總算只是虛驚一場。親友們紛紛猜測，大概是人家覺得阿玲可愛，很喜歡她，想帶她去玩個開心，但又不忍心讓她從此離開家人吧。

溜冰鞋翻車意外

自我有記憶以來，媽媽的臉色總是很臭，小時候的我不理解，長大才懂得，那是一張辛苦女人的臉。她嫁給自立門戶的麵包師傅，從此一生被綁住，店裡的工作要做，家裡的工作也要做，還有四個孩子輪流找麻煩。二十四小時都上緊發條，養成她不容易開心、張口就罵人的個性。

身為麵包店的大兒子，放學後免不了要到店裡幫忙，紅龜、漢餅出爐了要放到架上，麵包、蛋糕烤好了也要裝袋、盛盤。我最常包辦的工作就是切吐司，在機器上一次堆上四條，靠吐司自己的重量下壓切片。聽起來沒什麼技術性，但光是做好這些簡單的雜務，就能減輕爸媽不少負擔。

可是，調皮的小男生怎麼可能乖乖顧店？有時顧得煩了，趁沒人注意，我打開抽屜，抓一把零錢就腳底抹油，溜得無影無蹤。我的個性從小就是這樣，溜掉了就是溜掉了，後果什麼的，晚點再說吧！我能想像店裡沒人顧的畫面，客人喊著：「有人在嗎？」在裡頭忙碌著的媽媽發現我又「蹺班」了，即使怒火攻心，也只能忍著追殺我的衝動，出來招呼客人。

考上復興美工以後，家裡幫我買了一輛握把向下彎的銀色跑車，有了這輛帥氣的鐵馬，我的世界更寬了，自己兜風之餘，我也樂得載著可愛妹妹四處逛。阿玲上小學以後迷上溜冰，經常穿著輪鞋在店門口騎樓下來回滑行，路線就那麼一條，溜到隔壁的婦產科診所，再往前溜到阿華經常偷看漫畫的租書店，最後再溜回切麵包的我身邊。

那一年，福和橋下新建了一座戶外溜冰場，而且是在永和這一頭。當時公園都沒幾個，溜冰場更是稀有，只有台北市的青年公園或是陽明山花鐘這種知名景點才有那麼一座。永和也有溜冰場？聽起來好拉風、好時髦！我問阿玲：「妳想不想去溜冰場玩？順便去逛金銀百貨！」永和的第一家百貨公司是竹林路的中信百貨，樓上有歌廳秀、保齡球館，第二家就是中正路的金銀大樓。開發中的永和同時擁有兩個新時代繁華指標，在北台灣也算風光一時。

那天下午，趁著麵包店說忙不忙，媽媽沒空注意，我讓阿玲坐上腳踏車的橫杆，兄妹倆一溜煙地落跑了。單車微微搖晃著前進，我們快樂地唱著歌，那一年最紅的是陳彼得和女兒對唱的〈嫦娥〉：「我怎麼能夠，就把妳忘懷，妳是我千年唯一的愛；捨不得放棄，捨不得離開，孤單使我默默在期待……」阿玲用她稚嫩的童音，和我一起從頭唱到尾。

兩人愈唱愈開心，阿玲穿著輪鞋的兩隻腳也盪呀盪的，不小心伸進了單車的前輪；瞬間「ㄍㄧ」地一聲，車尾彈起，連車帶人向前翻了兩圈。眼冒金星的我，推開車子爬起來，看到阿玲跌坐在路邊，止不住地啜泣著，溜冰鞋還在腳上。也許是嚇壞了，也許是因為在外頭不比在家，她並沒有放聲大哭。見她愣愣地望著我，我伸手一摸，才發覺自己的臉頰滿是鮮血。

印象中，我們在路邊坐了很久，妹妹也哭了很久，沒有人理會我們。那還是一個艱苦的年代，柏油路上都是塵土，我臉上黏黏的血混著泥沙風乾了。至於摔傷的兩人後來怎麼回到家的、挨了多少罵，我是一點印象也沒有了。

小妹的婚禮，大哥缺席！

復興美工畢業之後，我工作、當兵、退伍、成家……忙著打拚生計，妹妹也進入求學黑暗期，國中畢業、高中畢業、考上大學，念了淡江日文系。我們原本年齡差距就大，隨著歲月的變化，生活上的交集也少了。

初入社會的那幾年，我接過不少B版唱片的設計案，其中有不少日文專輯，像是剛走紅的安室奈美惠等。那時國內還沒有版權概念，我把它們盡量做得像是原版的樣子。台灣出的唱片都會附送歌詞，剛好阿玲會日文，我曾經請她幫忙打過幾張專輯的歌詞。

過了好久，有一天，我媽幫妹妹向我討債：「阿陽，之前你叫阿玲幫你打字，是不是有說可以算打工，結果卻沒給她錢？」我心頭一緊，可能是兄妹太熟了，我一半疏忽一半耍賴，的確沒付妹妹酬勞；她沒開口要，我就以為沒事，其實她心裡很在意，忍了很久，終於跑去向媽媽告狀。可是，從媽媽口中聽到自己被妹妹打小報告，我也超不是滋味的。就因為這件芝麻綠豆大的事，兄妹心中起了嫌隙，感情居然日漸疏離。

那時候，我住在南勢角市場一棟四樓公寓的頂樓違建裡，像顆忙碌的陀螺，日夜不分地接案子做，家裡的事不常過問，和弟妹的互動更少。阿玲和我心結未解，反倒又多了幾次講話大小聲的言語衝突，關係雪上加霜，但我依然丟在一邊沒有處理。如今回想起來，埋首打拚事業的那段漫長歲月中，我根本沒把「家務事」看在眼裡。

突然有一天，我驚訝地發現，阿玲嫁人了！她在大學時代認識了一個日本來的交換學生，對方是京都相撲世家的長男，但沒有走上相撲選手之路，而是選擇成為一位針灸師。我印象中他們才戀愛沒多久，怎麼就決定要跨國聯姻了？更讓我錯愕的是，我這個做大哥的，居然沒有參加到妹妹的婚禮！

為什麼沒去阿玲的婚禮，這件事在多年後回想起來依然是個謎，八成只有我們的老媽了解內情。但無論如何，在華人的禮俗中，妹妹出嫁，長兄角色非常吃重，缺席實在說不過去；而且，不單我沒有出席，兩個弟弟也沒有去，都只在阿玲回台灣時吃到一頓補請酒。之後許多年，每當說起阿玲嫁到京都，阿華總是撂下一句：「阿玲沒結婚哦，我沒參加，不算！」我聽了還滿爽的。

就這樣，從小疼愛著、後來冷戰了的妹妹，彷彿從我的生命中消失了，阿玲這個名字久久再沒上場。但事實上，我聽說她根本年年都帶小孩回來探親，和爸媽感情熱絡得很；可是，我這做大哥的，即使知道小妹在台灣，也從沒想過要來個「大和解」，盡釋前嫌。

聖誕樹下的心境轉折

二〇〇七年的冬天，從來沒有去過日本、也不曾有此計畫的我，忽然接到大阪環球影城的邀約，赴日出席一項代言活動。接下這個任務的時候，我還沒有意識到，這或許是老天要給我一個修補兄妹情的機會。

之前說過，我是個比較偏好西方文明的人，日本是我崇尚但並不特別想造訪的國家，總覺得它有太多我預設的熟悉，因此少了一些挑戰性。雖然受日本教育的父親，對於阿玲嫁到京都、成為「日本系」感到相當光榮，可是，對我這一代來說，日本和韓國還不是差不多，買張機票就去了，國籍這件事沒什麼值得說嘴的。

抵達環球影城，我參加了一連串的熱鬧活動，那時離聖誕節還有一週，影城裡早已立起一棵數十公尺高的巨型聖誕樹，還有小飛俠彼得潘在天空飛翔，夢幻極了。

每年的聖誕節，我照例會想起一件事：阿玲是平安夜出生的。打從她呱呱墜地那一年起，聖誕夜對我們家人的意義，就是「妹妹的生日」，而她每年收到的生日禮物，也和聖誕樹脫不了關係。站在燈火璀璨的樹下，我覺得自己真夠冷血，這麼多個聖誕節過去了，我竟然沒有捎過隻字片語給阿玲，寧願裝作沒有這個妹妹。回到飯店，我終於撥了電話，告訴阿玲我人在大阪，還有一天空檔，想去看看她。阿玲熱情地回應，說京都的冬天很美，她想帶我去一日遊。

第二天，我從大阪搭車到京都，阿玲和丈夫一起來接我。只見過一面的妹夫，堅持請我吃螃蟹大餐，這家螃蟹餐廳的招牌上有一隻很大的松葉蟹，讓我會心一笑，我曾經用它做過一張童謠專輯《打鑼兼槓鼓》。久違的阿玲說起相撲家族長媳的生活，忙碌又辛酸，我在心裡暗暗虧她，誰叫妳要嫁來日本。妹夫能用簡單的中文和我攀談，我有幾分懊悔，早知道會和日本牽上這層姻緣，我當初應該多向阿玲學幾句日文的啊。

總算又和妹妹說上話了，我並不覺得尷尬或生疏，畢竟我已年過四十，個性成熟，眼界也寬了，再大的國際場合都參加過了，還有什麼好計較的呢。嚴格說來，這次的重逢還得歸功於我們的母親——我曾以小人之心抱怨過，兩兄妹鬧不和的起因根本是老媽從中作梗；然而，這次出發前，叮嚀我記下阿玲電話的也是老媽。

清水寺前當頭棒喝

阿玲夫婦帶我來到東山一帶，參觀京都最古老也最具代表性的寺院——清水寺。既然身為設計師，又帶著一台相機，我自告奮勇幫小倆口拍寫真集，他們高興得不得了。好久沒幫阿玲拍照了，每爬上一段階梯，我就拍一張，他們就像其他來清水寺的觀光客一樣喝三道泉、敲鐘、祈福，而我也全數記錄下來。

一千兩百多年歷史的清水寺，除了懸空木造的清水舞台名聞遐邇，近年更發展出一項國際關注的盛事：每年十二月十二日，寺方會公布日本民眾票選出的「今年的漢字」，以代表日本的世道。我在日本的那一週，二〇〇七年的結果剛剛揭曉，因此我們爬上清水寺時，由住持揮毫而就的斗大「偽」字，就立在本堂正殿的中央。阿玲解釋給我聽，原來，那一年來日本爆發了許多件知名食品造假、以及政治人物財產申報不實等醜聞，民眾選出「偽」字，表達譴責與自省之意。雖然覺得這個字很刺眼，但是，好歹我也來自造假不遑多讓的鄰國台灣，所以還是不甘不願地和它拍了合照。

通往清水寺的迂迴坡道上遊人如織，兩旁是五花八門的土產店，其中最吸引我的不是伴手禮，而是無處不在的書法。店家特意用毛筆在木牌上書寫品名和價格，讓我遙想起童年時光，經濟起飛前的台灣傳統市場裡，也有類似的景象，可惜，如今只剩瓦愣紙板和奇異筆字了。

路邊有一塊素樸的告示板，吸引了我的注意。就像小丸子爺爺心裡的OS畫面一樣，板子上寫了一對俳句，漢字夾帶著平假名，筆力蒼勁，特別好看。我拍了下來，請阿玲翻譯給我聽。阿玲說，上頭寫的是：「人生不賣來回票，一旦出發了就不再回頭。」

我的心頭若有所悟。在渾然不自知的固執中，我究竟錯過了多少站、流失了多少風景？人生都不賣來回票了，親情又何必有隔夜仇呢？

親人之間就是那麼奇妙，以為早已經丟棄的，到了某一年、某一天，你才發現它還在那裡。我的好友吳寶春曾提起，他住在鄉下的母親和嬸嬸只因一句口誤，妯娌之間幾十年都沒再講過話，前幾年嬸嬸過世了，他的母親卻是哭得最悲痛的人。和阿玲夫婦揮手道別時，我好慶幸，自己沒到那麼遲才覺悟。

之後，每當阿玲帶小孩回台灣打預防針兼探親時，巧遇也好、聚餐也好，我們總會見上一面。而每年元旦前後，我和爸媽、兩個弟弟都會收到京都捎來的賀年片，秀氣的卡片上，阿玲和妹夫端正地簽著名。有一天，我心血來潮搜尋到了阿玲的部落格，發現有一篇文章的主角是我。她寫著：「每當看見大哥右眼下一塊扁扁的凹痕就覺得內疚，那是大哥為了帶心愛的小妹去溜冰，意外留下的永恆傷疤。……」我算算，那都是三十年前的事了呢。

這些年，我常有機會站上台演講，幾次說起這段兄妹往事，台下總有觀眾哭得一把鼻涕、一把眼淚。明明我只是平靜地敘述事實，怎麼大家反應會如此激烈呢？我想，一定是他們也有久久沒說話、沒見面的親人或老友吧。

我把那首書法俳句做成了工作室部落格的版頭，任何時候點進首頁，第一眼看見的總是它。我用它砥礪自己，也提醒有緣來訪的朋友：往者已矣，來者可追。

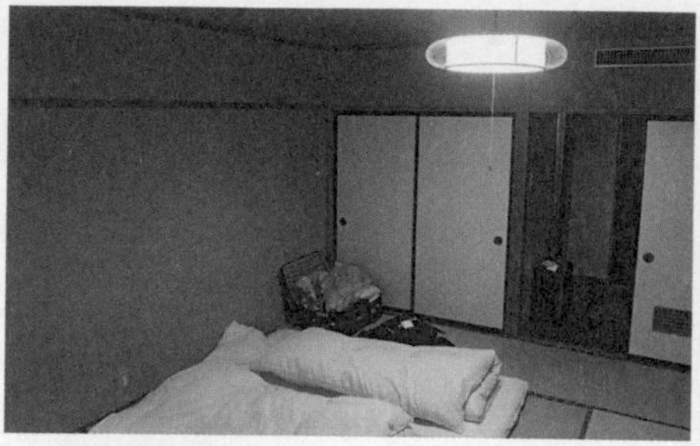

2012年再訪日本，但這次我沒打電話給妹妹。

去日本前，我對京都的想像都在旅遊雜誌裡。

都是一個字，「緣」。

我可愛的弟弟阿松和妹妹阿玲。

「人生不賣來回票，一旦出發了就不能再回頭。」

這裡的螃蟹套餐，第一道上的是蟹腳。

妹夫請我到京都蟹道樂本店大快朵頤。

八幡宮神社旁的元祖麻糬店鋪。

再來一碗柴魚味噌湯吧！

往京都清水寺的山路上，兩旁都是小商店。

紙火鍋也要美美的。

傳統市場裡高掛的鯛魚海報。

馬肉沙西米。大和是最愛吃生肉的民族。

從產地到傳說都講究的日本米。

京都市場裡的木桶醃漬蔬菜。台灣的醃漬風味，有不少是從日治時代留存到現在的。

到了京都便知，台灣是超不講究傳統的地方。

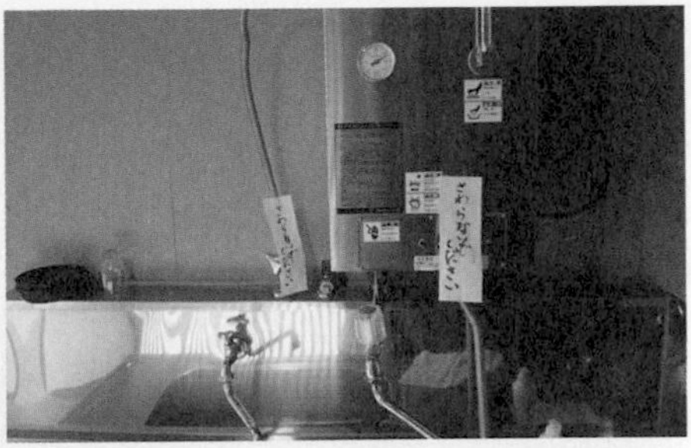

連便條貼上都是一手好毛筆字。

日本人認為，家裡放藝伎娃娃會招來男丁。

超商賣的金豬饅頭，187大卡，158日圓。

史努比饅頭讓我印象深刻，該從哪裡開始吃牠？

京都處處腳踏車，這是個已經進化完成的國家。

凡事過度細膩的日本，一向令我敬而遠之。

一塵不染的窄巷，是日本給我的第一印象。

媽媽說我是喝雪印和S26奶粉長大的。

刺青的Q比娃娃，其實是1909年誕生於美國。 「讓時光懂得去倒流，叫青春不開溜。」

花藝、茶道、劍道、忍術、料理……都是達人。 和菓子伴手禮。日本是尚厚禮數的所在。

在京都找到我懷念的台灣小時候。

雪的想像。

南極夢看似摔了一跤，但我還是決定把故事說出來，
因為我知道，在吸收了這麼多的養分之後，
夢想不會戛然而止，它是一場進行中的耐力賽。
夢，還在轉換成力量。

unfinished trip — ANTARCTICA: Your Dream, My Command

未竟之旅南極

我的夢想是服務你的夢想

《少年足球》裡的阿星說過：「做人如果沒夢想，那和鹹魚有什麼分別？」

二〇一二年暑假，我和前輩老友 Akibo 在高雄駁二藝術特區辦了一場展覽，回顧兩人歷年來做過的唱片設計；取流行音樂在當代文化中的特殊意義，展覽定名為「I I IDOL 我我偶像」，希望每位入場的觀眾都能從中找到自己曾經擁有、或是仍然發燒中的偶像狂熱。

我們這一行，有人把它歸類為唱片業，有人把它歸類為設計業，其實，我一直都認為自己從事的是服務業——服務他人夢想的行業。我在永和四號公園旁的工作室總是大門敞開，許多老朋友和新朋友抱著故事和夢想走進來，而我所做的，就是加入他們的故事，然後想辦法讓他們的夢想看起來更棒。

年近四十才出國的我，是那種每天跑同一座操場、每個週末玩同一個海邊、入圍四屆葛萊美獎就開了四趟加州一號、去紐約四次就買了五座自由女神的人。然而，這個不像五湖四海旅行家的人，卻因為設計力求本色的堅持，以及湊熱鬧、愛加碼、老是把工作和朋友放在一個籃子裡的個性，因而啟動了一趟趟田野調查式的遠遊。從阿里山巨木參天的森林鐵路，到澳洲南部筆直荒涼的紅土公路；從台十一線潔白小巧的卡片教堂，到布拉格飽經戰火的聖維塔大教堂。乘著他人夢想的翅膀，短短幾年，我的足跡竟也踏遍了五大洲。

隨著我的演講邀約愈來愈多，邀請單位也從台灣的各級學校擴及海外城市，每當苦惱著該向聽眾分享什麼內容時，由夢想啟動的交換旅行永遠是最佳素材。一次就能為台下潛在的許多夢想添薪加柴，實在太符合我的個性了。

零下二十五度的激情

暑假中的某一天，撒哈拉戰友清言和裕盛也走進了我的工作室。話說去年底我從酷熱的沙漠回到台北後，沒多久就打回都市人的原形，但真正的熱血男兒可沒有歇腳，迫不及待奔向了下一輪遠征。二〇一二年夏天，清言不但完成了新疆戈壁超馬，還創造了只用十天徒步環台的新紀錄；他在體院求學時的同窗裕盛則退居幕後，為清言擔任賽事規劃以及後援補給的重任。

有夢想的人時間寶貴，他們兩位還有一個心願要在年底完成，那就是挑戰人類史上環境最惡劣、風險最大的南極超馬。雖然比賽安排在南極洲氣候最溫和的十一月舉行，仍有可能遇上時速超過一百五十公里的暴風雪。由於難度太高，四大荒漠賽（4 Deserts）的主辦單位規定選手必須完成其他三站中的至少兩站後，才可報名這兩年舉辦一次的「最後荒漠」南極賽事。

跑完兩次撒哈拉超馬和一次戈壁超馬的清言，南極長征的門票已然在握，然而，此行在各方面的門檻都相當高，考驗的不只是選手的實力，還包括團隊運作的能力。在經費尚未募齊、後勤組也只有裕盛一人的狀況下，他們帶著計畫書北上找我，盼望借助我對媒體的熟悉和人脈，為這趟遠行爭取更多的宣傳和支援。

我讀了計畫書，並聽完兩人的漏網心聲之後，清言和裕盛又拋出一個驚人的提議：「蕭大哥願意跟我們一起去南極，擔任隨行記錄的角色嗎？」

說起來，我是個喜歡熱遠勝於冷的人，寧願被烈日烤得汗流浹背，也不想被冷氣吹得寒毛直豎；雖然南極冰天雪地的壯闊美景、日不落的奇觀、還有企鵝與海豹群居的畫面讓我神往不已，但七天六夜的零下長征實在令我遲疑。他們的提議中，真正讓我揮之不去的，是清言和裕盛為人師表的可敬信念。

登峰造極的老骨頭

乍聽兩人的計畫，我不免好奇：清言並非林義傑、陳彥博那樣的職業選手，他來自南投草屯，是一位忙於教學的高職體育老師，既沒有專業團隊做為後盾，更沒有餘裕進行移地訓練，況且年屆三十六歲的他，體能早就過了高峰期，這樣馬不停蹄地積極拚比賽，目標是什麼？至於前跳遠選手裕盛，目前在大學裡任教還兼行政職，事業繁忙，兩個兒子又正是活蹦亂跳的年紀，他這樣義無反顧陪老同學奔走玩命，又是為了什麼？

「為了和學生的一個承諾。」從清言口中說出的理由，單純美好得彷彿小時候生活與倫理課本上的故事。「二〇一〇年，我在畢業典禮那天和班上學生約定：老師會在三年內征服地球上最熱、最冷、最高的地方。」清言的這個承諾意味著，他得在二〇一三年前，完成氣溫攝氏四十五度以上的撒哈拉超馬、零下二十五度的南極超馬，並且登上海拔八八四八公尺的聖母峰！

人如其名，清言的話不多，但是清晰有力：「我教的學生是一群缺乏自信、對未來沒有憧憬的孩子，我希望能用自己當榜樣，激勵他們勇於面對人生、提升志氣和視野，走出自己生活的小框框。如果他們眼中的這把老骨頭都能改造自己，實現登峰造極的夢想，他們有什麼不能的？」

為了自己誇下的海口，清言開始重新苦練跑步。他的短跑紀錄輝煌，曾是全國中等運動會四百公尺冠軍，至今仍是全國一千六百公尺接力保持人；然而，那畢竟是快二十年前的事了，超馬賽事相當於連續七天、每天跑完一場馬拉松，所要求的體能條件與短跑大不同，清言必須透過加倍艱難的訓練來重塑體質；此外，他也得學習適應各種極端的自然環境，因為撒哈拉的細沙、戈壁的礫石、南極的凍原，都和PU跑道或柏油路是兩回事。

身分既是家長也是老師的我，對清言的動機相當驚訝。在這師生倫理淡薄的年代，老師們通常只求與學生相安無事，沒想到還有人用這麼有guts的方式激勵學生。我好奇地問他，即使有老師願意做榜樣，這年頭還有學生會買帳嗎？清言回答我：「很多！」

把書包反過來背的理由

清言所任教的同德家商，學生來源遍布中彰投，但以南投國姓、信義鄉山區居多，其中不乏家境拮据的低收入戶。他在初次接任導師、做家庭訪問的時候，才知道真的有人一家住在會漏雨的鐵皮屋裡，有些學生的家，甚至是用奇形怪狀的選舉看板拼出來的。這些來自偏鄉的孩子，單親、隔代教養問題多，不用談什麼知識教育、技職教育，他們連最基本的生活教育都欠缺；十六、七歲的花樣年紀，自暴自棄、惡形惡狀的大有人在。一向相信教育能夠改變困苦、創造格局的清言，看到這些孩子的處境，心中有擋不住的無力感。

他感嘆，台灣崇尚菁英教育，明星高中擠破頭都考不上，卻有不少學校只要註冊繳費就能入學；學生們的心態，往往不在求得一技之長，只是想混幾年、拗一張文憑。他們既不看好自己，對學校也毫不認同；走在路上，甚至不願露出校名，寧可把書包反過來背。

然而，對於這些看不到未來的孩子來說，學校老師的角色，更像是黑暗中的明燈。清言說：「都市人或許很難想像，許多孩子從來不曾去過台北，更沒有搭過高鐵。他們嚮往大城市的一切、崇拜報紙上出現的名人，然而，在現實生活中他們往往找不到可以信賴、投射的模範。如果一個老師有本事收服得了學生，讓他們尊敬你、聽你說話，你就會成為他們最有分量的朋友和長輩。」

清言描述的偏鄉現況，老同學裕盛感同身受：「如果不是在鄉下教過書，我也想像不到老師對學生還有那麼大的影響力。清言的個性比較低調，但如果他能不抗拒露臉、成名，他的學生會因為擁有一位名人老師而驕傲。畢竟，全國這麼多高中職和大專，有多少老師能成為學生的偶像？他們可以把書包翻正，向其他人喊話：『我們學校有這樣的老師，你們有嗎？』」

兩年前的那個畢業班，從入學時的頑劣無禮，到如今的定期聯繫，讓清言特別欣慰。他堅信，學生只要在某一方面先建立起成就感，有了基本自信之後，慢慢地就能帶動其他方面的興趣發展。一個拿起國英數課本就打瞌睡、但跳起舞來生龍活虎的學生，就應該被鼓勵優先發展舞蹈天賦；而協助學生了解自己的專長、調整學習的順序，正是學校老師的任務。清言的專業既然是體育，他就利用運動來激勵學生，盡量帶學生到各地參加路跑，甚至爭取去香港、撒哈拉比賽，讓「我們也行」的榮譽感在同學間擴散，「我希望從一個、兩個學生開始影響，最後把全班拉上來二十、三十個。」

師生結伴創環島記錄

二〇一二年八月，把握暑假最後的十天，清言帶著一名升高三的學生楊成完成環台壯舉，一路上他跑步，楊成騎小摺，完成將近八百六十公里的長征（原定九百六十公里，蘇花路段因安全考量而上補給車），也締造了徒步環台的最短時間紀錄。

楊成出生於中國大陸，從小在家暴陰影下成長，個性內向。幾年前他才隨母親再嫁來到台灣，如今卻又因繼父施暴，母親選擇離婚，面臨輟學返鄉的抉擇。清言說，別看現在的楊成是個文質彬彬的小帥哥，高一時的他也曾開口就是三字經；好不容易才適應台灣的一切，學校生活也上了軌道，如果現在回去對岸，就連高中都得重讀。清言約他一起環島，是希望他能下決心留在台灣完成學業，「因為，許下的目標不能輕言放棄。」

這一對不擅言辭的師生，十天之中睡路邊、吃超商，一起克服身體上的痛楚和心理上的辛苦，既領略旅途中天寬地闊的景色，也體會生命原有的美好。南下到達屏東的時候，正好遇上天秤颱風正面來襲，狂風暴雨中，他們穿過颱風眼，看見雲牆中露出的璀璨星空。即使好幾天都騎到臉色發白，楊成依然堅持到底。

清言「提高學生自信」的論點，我就是活生生的例證。國中時，我本來讀的是竹林中學，成績老是吊車尾，在班上動輒得咎；後來轉學到中和國中，忽然成了第一名，而且好像做什麼都對了。話說回來，還不都是同一個我？我家愷愷念國中時成績不好，個性又反叛，讓我很傷心；高中選了一所私校，本來我只盼望他順利念完三年就別無所求，沒想到，他很喜歡現在的學校，和老師、同學感情融洽，前幾天居然還當選了模範生，讓全家都吃了一驚。我發現「寧為雞首，不為牛後」一套在台灣教育上是句真理，不管在什麼學校，能讓學生得到自信、全力以赴，就是好的教育。

清言的身教方式不是特例，裕盛補充：「過去許多教練都是這樣訓練選手的，全心全意陪他們吃、陪他們住、陪他們玩，就像養自己的孩子一樣。我就是這樣長大的！」

滿桌四散的百元鈔

目前在中華科技大學擔任學務組長的裕盛，授課之外，每天處理的都是學生的輔導工作。相對於沉靜的清言，裕盛是個GTO型的熱血老師，他在赴美攻讀研究所之前，也在新竹一所私立高中職任教過，有一籮筐和學生從交手到交心的故事。提起印象最深的一位學生，裕盛才說兩句就哽咽了。

「班上有位學生遲繳學費，身為導師，我照例得打電話去家裡問一問，沒想到他的媽媽非常緊張，不停地向我道歉。」裕盛回憶：「第二天，那位媽媽帶著錢來學校補繳，她恭敬地對我鞠躬，拉開腰包拉鍊，倒出一大堆鈔票，除了五張藍色千元鈔摺成一小疊之外，其餘都是紅色百元鈔，一張一張各自皺成一團散布在桌上。」裕盛推想，這位母親應該是在市場裡當小販，一收攤就趕過來了；至於那五張一千元，很可能是臨時借來的。「她滿臉不好意思地告訴我，金額應該沒錯。其實，更不好意思的是我。」

「我請班長叫那位學生到辦公室來，班長的回報卻是他蹺課了。我不想讓他媽媽知道，於是幫他編了個出公差的理由，請他媽媽先回家。我在籃球場找到了他，一腳飛踢過去，我是練跳遠的，這一踢把他彈了好遠。他朝我大吼：『老師，你為什麼踢我？』我忍住扁他一頓的衝動，叫他進辦公室，我沒有提起他媽媽來繳錢的細節，只是抓著他領子說：『你不知道你的父母為了供你念書多麼辛苦吧？從現在開始，我會看著你的每一動！』我真的花了很多時間盯他，即使後來學生人數縮減、併班，我不再是他的導師，對他還是特別關注。我永遠會記著他的名字。」

高中生帶槍上學不是新聞

很多人以為台灣黑道已不如過去猖獗，但裕盛說，校園裡的黑幫只有更無法無天。高中生帶槍不是新聞，只是大部分的老師並不願意去多談這些。「如果建中學生帶槍上學，輿論會說他壓力太大；如果是我們的學生帶槍，輿論會說這是流氓學校。」

裕盛舉了幾個幫派橫行校園的例子，他也曾經差一點被圍毆。當時他的太太也是同校老師，她糾正學生在禮堂抽菸，遭到學生嗆聲；裕盛趕去制止，卻被撂了一句：「老師，有你的喔，等一下你就知道！」沒多久，校門口來了幾十輛機車要堵他。

他也曾目睹自己班上的一個學生，被另一科學生集體揍到中度腦震盪。「他只是白目了點，在拔河場上嗆了黑道老大的左右手而不自知，對方一句『乎伊死！』所有同夥丟下拔河繩、圍上去拳打腳踢。我撲上去蓋住他的身體，要不是那班學生對『老師』還是有所忌憚，他有可能當場被踢死。」

「重傷的學生躺在病床上，哭著問我太太：『為什麼我們老師不是我爸爸？』這個孩子到現在和我還有聯絡，雖然他後來走的路不是很正，但是只要有一點好消息，他就會跟我說，老師，我現在不錯。」

和學生打成一片的老師，也得承擔更大、更糾結的自責。裕盛說，他最怕的就是學生告訴他：「老師，我偷偷跟你說喔，我們老大今天要押三年級那個某某某走。」一遇到這種狀況，他總是左右為難，「如果我報警的話，學生以後不會再信賴我，但我既然知道了，又怎麼能不阻止呢？我不知道該怎麼辦，只好把狀況告訴學校的生輔組長，把燙手山芋丟給別人。」雖然事過境遷，裕盛講起這段往事依然激動：「這種無力感讓我常常滿腔忿恨，憤怒到我都想組一個社團、開一個洗車廠，讓那些問題學生統統來跟著我工作！」

一個離職老師的悔恨

可是，教育畢竟不是這樣玩的。老師雖然能影響學生，但也會不知不覺被學生改變。當時裕盛有位同事，就因為班上學生自殺，她壓力大到走不出去，竟然也跟著尋短。而裕盛放下工作出國留學，也和學生的影響有關。「我每天和一幫學生搏感情，講話愈來愈有道上兄弟的味道，讓我太太很擔心；她希望我離開那個環境，徹底改變氣質。」

只是，老師離開了，學生還在原地徘徊。裕盛回國後，在學校遇見以前班上的導生。「我問他，你不是早該畢業了嗎？他說，因為吸毒，又被別人引誘販毒，坐了兩年牢，剛剛才出來。他告訴我，班上有好幾個同學都進了監獄，其中一個還因為衝撞警察設的檢查哨，被判了八年徒刑。」

「我問他，你們怎麼會變成這樣呢？他說：『老師，因為你離開我們。』我聽了五雷轟頂，一句話也答不出來。」飛向美國的裕盛渾然不知，當時班上有些學生對他的離職反彈很大，認為自己被老師放棄了；加上接任「後母班」的女導師鎮不住這群脫韁野馬，他們終於變本加厲，走上毒品的歪路。「我沒有想過，自己的生涯規劃竟然造成學生的沉淪。那晚回到家，我對太太說，我好後悔為什麼當時要去美國！」

裕盛當然知道，這樣的悔恨和內疚不夠理性，老師終究有自己的人生，不可能帶著每個學生過日子；然而，令他始終耿耿於懷的是，這些青春期的孩子們是多麼脆弱、敏感，身邊卻往往缺乏一股循循善誘的正向力量。「每個站上講台的老師，手上都握有一把劍，使用得好，它是幫助學生披荊斬棘、開拓人生的利器；使用得不好，也可能成為傷人的凶器。我希望我們的極地計畫不只能激勵學生，更能提醒每一位老師正視自己的形象以及對學生的影響力。」

夢想的泡泡不怕破滅

清言和裕盛想要藉著運動比賽宣揚師道，就像我堅信設計可以改變世界一樣，我們都在用自己的夢想服務著他人的夢想。我的加入讓裕盛和清言相當振奮，他們將計畫重新取名為「夫子們的登峰造極」，擬定三人團隊更詳細的分工；萬事具備，只欠東風，只要贊助順利，二〇一二年的十一月初，三個夫子將經由阿根廷前往南極洲，迎向七天六夜的南極超馬賽事。

可惜的是，雖然我們的計畫近乎理想，卻在尋找贊助資金上功虧一簣；即使兩位老師四處奔波努力，什麼方法都想過了，最終還是沒能趕上十月中的最後報名期限。中途加入的我還可以安慰自己，未能成行只是遺憾罷了，除了與海豹和企鵝無緣相見，世界五大洲見聞也提升不到七大洲之外，並沒有太多執念；而一直擔心著我旅途風險的舒華，心裡更是放下一塊大石。然而，對夢想已近在咫尺的主角清言來說，他的承諾早已許下，體能也已經調整到了最好的狀態，箭在滿弓的弦上無法射出，令他情何以堪？即使大家都安慰他：只要留得青山在，兩年後仍然可以挑戰下一屆南極超馬，然而，運動選手渴望以上場來明志的那種心情，旁人可能難以體會；畢竟一旦錯過了當下，沒人知道下次會怎樣，也許你根本不會再上場，也許你會在第一個障礙就摔掉了金牌。

這本書最早的出發點是記錄我近年的旅遊見聞，但是在訪談過程中，我發現我想說的遠不只是旅行而已，我花了最多時間講述的，是那些人與夢想的故事。我的助理柚子在一旁聽得多了，總愛酸我一句：「蕭大哥，你身邊又有好多泡泡喔！」柚子把夢想比喻成泡泡，是因為她了解，十個令人興奮不已的提案中，永遠只有那麼一、兩個能安全地抵達終點。在撒哈拉陪三太子跑步的時候，許團長感慨地說：「蕭青陽，你都不知道你跟上這團有多好運，我可是計畫了十年，累積再累積，才終於產生了這趟遠征！」

所以，即使三位夫子的南極夢看似摔了一跤，但我還是決定把故事說出來，因為我知道，在吸收了這麼多的養分之後，夢想不會戛然而止，它是一場進行中的耐力賽。泡泡破掉了沒有關係，泡泡裡的空氣並沒有消失，它還能形成下一個泡泡。夢，還在轉換成力量。

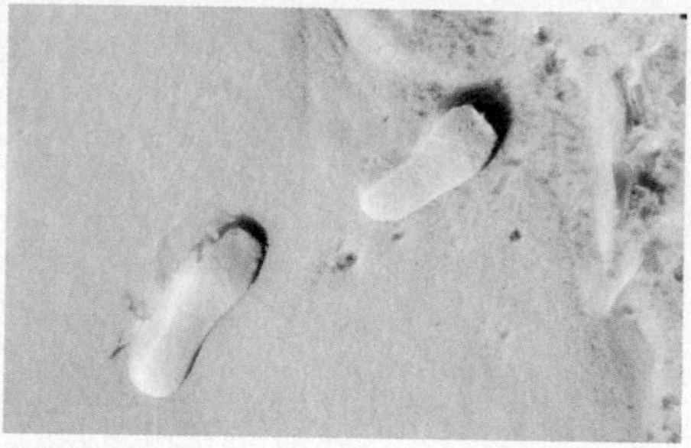

夢想仍前進中。

後記

程嘉華——

Epilogue: One Year with a Passionate and Matured Artist

浪漫，自由，練家子

接下這本書之前，我什麼也沒問，直到和出版社編輯碰面後，才知道要專訪的人物是鼎鼎大名的設計師蕭青陽，心裡有些驚訝。因為之前工作的關係，我擁有許多由他設計、角頭或風潮唱片出版的專輯，一直掛在我床前權充海報的《若夏沖繩料理屋》正是他的手筆。

在廣闊的唱片花園中，蕭大哥的作品不難辨識，大開大闔，擺出來就有震撼力；沒有小情小愛，卻浪漫得令人神往。我喜歡他的設計，台灣唱片因為他而有趣許多，但我不知道他的旅行故事有什麼重要，加上從媒體報導中得來的印象，我猜想他可能有著設計師的難搞。我誠實地告知編輯我的道聽塗說，她卻提醒我，百聞不如一見，蕭大哥很會說故事，我去聽聽看就知道了。

我執行過的採訪很多，但親自撰寫的並不多，在《FHM 男人幫》雜誌當編輯的年代，也許是自命清高，也許是自慚形穢，又或者是雜誌屬性需要，我養成與受訪名人保持距離的習慣，既不和對方搏感情，訪問中又經常提出挑戰性的問題，甚至不惜針鋒相對。然而，這次要為蕭大哥寫出近十萬字的個人故事，還不知要見多少次面呢，我知道以前那套肯定行不通。

第一次採訪，我帶了新買的卡式錄音機，蕭大哥問我，為什麼不用錄音筆？他說很多記者都會用兩個機器同時錄音，以免出錯。被受訪者指出這等低級錯誤實在失格，我回家趕緊翻出了當年天價購買、如今有點兩光的Sony錄音筆——幸好有這麼做，因為後來真的發生了可怕的錄音全毀事件。

峇里島的訪問告一段落，剛好美月回來台灣，蕭大哥邀請我參加「峇里掛」的烤肉聚會，想讓我實際認識故事中的主角們。我白目地拒絕了，一來是那天還有別的聚會，二來，我怕生。

下一次的約訪，我好奇地問起童年夢遊經驗，蕭大哥的描述已經陰暗晦澀到我無法當場聽懂的境界，他可能也注意到了，對我說，我一定和他是不同類的人，我聽了有點受挫。又有一次，當我走進工作室，迎接我的是竟是昔日相熟的攝影師陳建維，原來他是蕭大哥的好哥兒們，知道那天有採訪，特意跑來看我。他滿場飛地回憶著那些年我們合作的點滴，他們倆的熱烈和我的拘謹遲疑形成了明顯的對比。連我自己都察覺到了，難怪蕭大哥說我不是同類。

幸好，也不是完全不同。這本書橫著看像是旅遊書、直著看像是親子書，其實裡頭最多的是一位設計師的社會觀察和質疑；奇妙的是，蕭大哥的觀點我幾乎都贊同。我本來就不是可以捏著鼻子、犧牲理念為他人作嫁的人，這幾年自覺眼界變寬，對各類議題的意見更多了，但願意妥協的空間反而下降；如果不是打心底認同蕭大哥的想法，真不知這本書該怎麼寫下去。

在我眼中，蕭大哥不是特別前衛、驚世駭俗的那類藝術家，卻是真正擁有開放心胸、不受框架所限的自由人；他不是綠色和平的環保先鋒，也不是人本基金會的教育專家，但他把簡單生活的真義看得很清楚。他鼓勵我在臉書上使用本名，他不吝惜給有勇氣說真話的人一個讚。優秀設計師的想法當然多，但他聰明而冷靜，不輕易讓己見變為成見，也因此，他是個可愛可親的朋友。

缺乏長篇寫作經驗、選擇辭職關在老家應戰的我，終於關出了自閉的傾向，沉溺在一攤死水中，什麼也做不好。所幸這是一本大剌剌歌頌夢想的書，每週搭車北上和蕭大哥做一次訪問，比看心理醫師有效多了。這位助理口中的理想派無敵鐵金剛，果然是個煽風點火的練家子，經常煽得我牙癢癢地——為什麼我老是蹲在家裡自尋煩惱、蒙頭大睡？早知道不如買張機票飛去峇里島找美月了！蕭大哥知道我愛上山下海，不但慫恿我一定要參加一次撒哈拉超馬，甚至隨興地問我要不要乾脆一起去南極——沒蓋你，我認真考慮了一分鐘呢！

一起等電梯，他拿起電梯旁好書交換區的書翻看著，自言自語：「到處都這麼多書了，為什麼還要出書呢？」他或許只是問了十萬個為什麼當中的一個，但也可能是說給即將出書的自己聽，真巧，那也是我的感慨。我想起前主管袁哲生問過後輩作家的一個問題：「你出這本書，有誰需要呢？」蕭大哥的前兩本著作都有好口碑和收藏價值，我該如何讓這本書也成為茫茫書海中被需要的那一本？

故事聽完了，剩下的是寫出來。這才發現，寫一本書原來像是偵探辦案，真相只有一個，卻苦於不知如何逼近它；也像爬一座山，山就在那裡，一步步走著總會到。只是，當撥開迷霧中的箭竹林，看見山頂，我還想問自己，那是真的山頂嗎？我有揣摩出蕭大哥的口吻嗎？我會不會不小心留下了自己的影子？

寫到最後、也是最長的一篇美國行，一年來的烏雲悄悄散去。受了這篇中的「全家旅行模式」激勵，我也拉著七老八十的爸媽當起背包客遊花東，玩了七天才回家。上路前，我聽說編輯們在朗誦初稿給蕭大哥聽時，鐵打的男兒竟然真情流露落了淚，看來這本書找到了最要緊的第一個讀者，我放下了半顆心。

蕭大哥的故事啟發了我許多，我的文字能夠回頭打動他，我想這也是一種交換旅行。如今成書在即，但願這些讓說故事和寫故事的人都溼了眼眶的篇章，也能使每一位打開書的讀者心有所感。

完成所託，想感謝的人很多，包括遠流總編輯文娟、蕭大哥的賢內助舒華、助理柚子，以及給我有形與無形鼓勵的老友王慧珍、黃玉燕，還有在天上的哲生老大。我特別佩服本書的編輯李麗玲小姐，她竟然只讀了我多年前一篇蔡康永專訪就敢邀我執筆！我從來不是個愛寫的人，出書也不是我的夢想，但她讓我懂得，寫作也可以是「服務他人的夢想」。同時，我也得向她致歉，我不敢想像她為了我的任性拖稿吃了多少苦頭——該如何讚美她對我的信任呢？我的才能不足以成為千里馬和伯牙，所以無法將她比作伯樂或鍾子期；但我想更賴皮地把自己編派成屈原筆下的祭司，而她是一手執劍、一手懷抱新生命的神祇少司命，「滿堂兮美人，忽獨與余兮目成。」麗玲，希望妳享受這個浪漫得胡說八道的比喻。

SOLVANG, CA
GREAT WALL
CAMBRIA
NEW YORK
WASHINGTON,
HONG KONG
DISNEYLAND
HONG KONG
Walt Disney World
BALI
Praha
GRAMMY MUSEUM
AT L.A. LIVE
GRAMMY MUSEUM
AT L.A. LIVE

ALBEROBELLO
ALBEROBELLO-TRULLO
Lecce
Praha
BARI
BARI
KENNEDY SPACE CENTER
NASA
HEARST CASTLE
FOUR PARKS
America's Best
SIGHTSEEING TOUR
LOCALS RIDE FREE!
202-832-9800
www.trolleytours.com
Kangaroo Island
Lincoln Memorial
WASHINGTON, DC

國家圖書館出版品預行編目資料

不累幹嘛睡！：蕭青陽玩世界／蕭青陽著.程嘉華採訪撰稿 --初版. -- 臺北市：遠流, 2013.06
面； 公分. --（綠蠹魚叢書；YLK53）
ISBN 978-957-32-7212-0（平裝）
1.旅遊 2.世界地理

719 102008828

綠蠹魚叢書 YLK53

不累幹嘛睡！ 蕭青陽玩世界

Why Go to Bed If Not Tired!:Qing-yang Xiao's Wild World

作者	蕭青陽
採訪撰稿	程嘉華
全書攝影	蕭青陽
攝影（有蕭青陽出現的照片）	賴雨辰（封面、撒哈拉）、陳建維（美國）、謝文創（峇里島）、汪忠信（封底、義大利）
封面・內頁設計	蕭青陽工作室
出版四部總編輯暨總監	曾文娟
資深副主編	李麗玲
企劃副理	張燕宜
書名・章名英文翻譯	劉嘉路
發行人	王榮文
出版發行	遠流出版事業股份有限公司
地址	臺北市南昌路二段 81 號 6 樓
電話	（02）2392-6899
傳真	（02）2392-6658
郵撥	0189456-1
著作權顧問	蕭雄淋律師
法律顧問	董安丹律師
輸出印刷	中原造像股份有限公司

2013 年 6 月 1 日 初版一刷
行政院新聞局局版臺業字第 1295 號
定價：新台幣 360 元（缺頁或破損的書・請寄回更換）

ISBN 978-957-32-7212-0

遠流博識網
http://www.ylib.com E-mail: ylib@ylib.com